O Grande Livro dos Jogos Cerebrais

- Atividades divertidas para estimular o cérebro, para melhorar o aprendizado, a comunicação e o entendimento coletivo

- Breves dinâmicas de grupo para que suas equipes falem, animem-se e mantenham o alto astral e a motivação

Tradutora:
Maya Reyes-Ricon

Edward E. Scannel e Carol A. Burnett

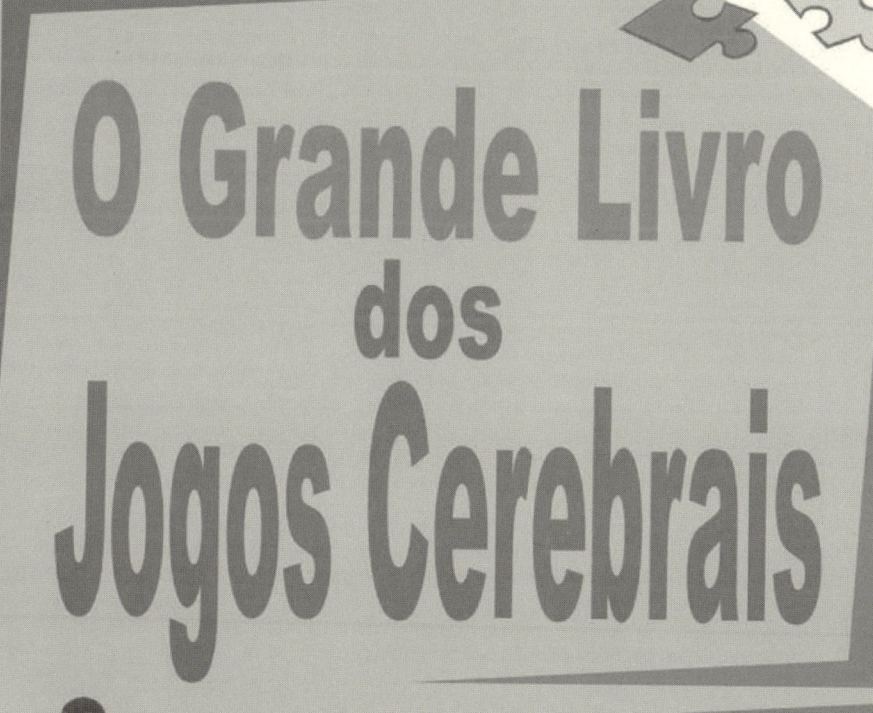

O Grande Livro dos Jogos Cerebrais

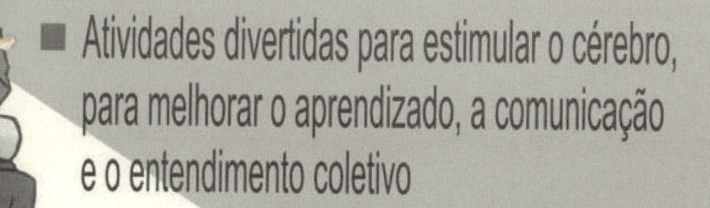

- Atividades divertidas para estimular o cérebro, para melhorar o aprendizado, a comunicação e o entendimento coletivo

- Breves dinâmicas de grupo para que suas equipes falem, animem-se e mantenham o alto astral e a motivação

QUALITYMARK

Copyright© by Edward E. Scannell e Carol A. Burnett

Todos os direitos desta edição reservados à Qualitymark Editora Ltda.
É proibida a duplicação ou reprodução deste volume, ou parte do mesmo,
sob qualquer meio, sem autorização expressa da Editora.

Primeira publicação por McGraw-Hill, edição traduzida e publicada sob licença
da McGraw-Hill. O autor tem seus direitos de ser identificado nesta obra.

Direção Editorial SAIDUL RAHMAN MAHOMED editor@qualitymark.com.br	Produção Editorial EQUIPE QUALITYMARK
Capa Renato Martins ARTES & ARTISTAS	Editoração Eletrônica ARAUJO EDITORAÇÃO

CIP-Brasil. Catalogação-na-fonte
Sindicato Nacional dos Editores de Livros, RJ

S294g

Scannell, Edward E.

O grande livro dos jogos cerebrais : atividades divertidas para estimular o cérebro, para melhorar o aprendizado, a comunicação e o atendimento coletivo / Edward E. Scannell ; {tradução Maya Reyes-Ricon]. – Rio de Janeiro : Qualitymark Editora, 2011.
244p.: 16 x 23cm

Tradução de: The big book of brain building games
ISBN 978-85-7303-014-3

1. Jogos de empresas. 2. Grupos pequenos. 3. Grupos de treinamento e sensibilização. 4. Cognição. 5. Inteligência I. Burnett, Carol (Carol A.). II. Título.

11-3903

CDD: 658.40353
CDU: 005.311.7

2011
IMPRESSO NO BRASIL

Qualitymark Editora Ltda.
Rua Teixeira Júnior, 441
São Cristóvão
20921-405 – Rio de Janeiro – RJ
Tels.: (0XX21) 3860-8422/3295-9800

Fax: (0XX21) 3295-9824
www.qualitymark.com.br
E-mail: quality@qualitymark.com.br
QualityPhone: 0800-0263311

Agradecimentos

Desde que o primeiro livro na série *Jogos Cerebrais* foi publicado, 25 anos atrás, as vendas totais daquele livro e das séries seguintes (*Mais Jogos* e *Manuais*) ultrapassaram um milhão de exemplares. Com este novo livro, agora são 25 títulos. Por isso, somos gratos aos milhares de amigos e colegas que participaram dos seminários e *workshops* com grupos como a American Society for Training and Development (ASTD), Meeting Professionals International (MPI) e a National Speakers Association (NSA), assim como outras associações e grupos empresariais. Juntamente com nossos públicos de HRD e HRM em todo o mundo, da "velha" Atenas até a Nova Zelândia, esses públicos nos ajudaram a testar em campo as atividades e os exercícios contidos neste livro.

Do lado pessoal, tenho uma grande dívida de gratidão para com meu filho e minhas filhas – Mike, Mary, Karen e Cathie –, que doaram seu apoio, amor e encorajamento e fizeram seu papai ficar realmente orgulhoso!

Edward E. Scannell

Quero expressar minha sincera gratidão às seguintes pessoas (e seus cérebros magníficos) cuja amizade, liderança e orientação contribuíram de forma direta, indireta, e muitas vezes sem o saber, para este livro: Bob Lewis, Michael Young, Rob Till, Joe Krokrowiak, Ed Starr, Mary Helen Albrecht e Bonnie Buell e à minha preciosa amiga Nancy Richbart. Agradeço especialmente a todos os meus alunos e aprendizes dos EUA, Canadá e Espanha, que a seu modo me ajudaram no processo de aprendizado; às minhas sábias, solidárias e amorosas irmãs, Shannon e Beth, que sempre desafiaram meu cérebro, aqueceram meu coração e serviram como minhas animadoras de torcida; a meus amorosos e generosos irmãos, Chuck, Fran, Bev, Chris e Steve, que apreciam e abraçam o conceito de "segurança nos números", por seu encorajamento em todas as horas; a todos os dedicados neurocientistas, pesquisadores e especialistas que continuam devotados a utilizar seus cérebros num esforço de ajudar o resto de nós a entender e cuidar dos nossos – obrigada a todos.

Carol A. Burnett

Nota: Carol e eu gostaríamos de agradecer especialmente a Mary Scanell, que nos ajudou com a diagramação, revisão e assistência geral; Collin Fellin, que pesquisou centenas de referências para nós e ajudou a compilar a bibliografia; a Ryan Allen, cuja criatividade e engenhosidade transparecem nestas páginas. Obrigado também à Dra. Joanne Sujansky, cujo apoio nos manteve no caminho. Por fim, uma nota especial de agradecimento a Emily Carlton, nossa editora, e Charles Fisher, editor, cuja atenção para os detalhes tornou o manuscrito final "pronto para impressão". Agradecemos a todos por sua ajuda.

Sumário

Introdução: Os jogos e o cérebro   1

1   A utilização de jogos e atividades no mundo das reuniões   5

Examinando as reuniões   8
Dicas testadas para melhorar as reuniões   8
Características dos jogos e atividades   11
Sugestões para a utilização dos jogos   12
Alguns avisos importantes   14
Jogos: Desafio cerebral nº 1   17
    Tempestade de ideias (*brainstorming*)   21
    Pessoas criativas que eu conheço   23
    Os seis chapéus pensantes
        (perspectiva grupal)   25
    Os seis chapéus pensantes
        (perspectiva individual)   29
    Quem vem primeiro?   33

2   Conceitos "muito" básicos sobre o cérebro: como ele é?   39

Estrutura básica do cérebro   42
Especialização dos lados direito e esquerdo do cérebro   45
Jogos: Os 4 Cs da criatividade de Disney   51
    Tudo em família   53
    Vamos passear?   57
    Escolha uma letra   59

Uma palavra de cada vez 61
Senta-levanta 63

3   **Mitos sobre o cérebro: separando fato e ficção** 65

Usamos apenas 10% de nosso cérebro 67

Algumas pessoas são do lado direito do cérebro, outras, do lado esquerdo 68

Multitarefa poupa tempo 69

O álcool mata os neurônios 70

Você não cria novos neurônios 71

Fato ou ficção? 72

Jogos: Desafio cerebral nº 2 73
  Você não pode ensinar um cachorro velho... 77
  QI *versus* QE 79
  Lado direito, lado esquerdo? 81
  E se?... 83
  Sociedade do Alce Morto 85

4   **Sua atenção, por favor! Movendo-se da atenção para a memória** 89

Modelos e teorias sobre a atenção 92

Melhorando e aprimorando a atenção 94

Jogos: Desafio cerebral nº 3 97
  Deixe-me sozinho 101
  Jogo do alfabeto 103
  A pessoa oficialmente de pé 105

5   **Onde guardei minhas chaves? Ajude seu cérebro a capturar e guardar informações** 107

O processo da memória 109

Tipos de memória de longo prazo 111

Recuperação da memória 111

Na ponta da língua 113

Use ou perca! 114

Dicas para promover a retenção da memória 115

Jogos: Você é mais esperto que uma criança
de 10 anos? 119
Posso sonhar, não posso? 121
Olá, muito prazer – próximo!
Parte 1 123
Olá, muito prazer – próximo!
Parte 2 125
Obrigado pelas memórias 127
Quando eu era criança... 133

6 **Aprendizado adulto: ajude seu cérebro a se adaptar a situações de mudança** 135

Reuniões efetivas 138

Teorias para a aprendizagem adulta 139

Leis da aprendizagem adulta 143

Estilos geracionais da aprendizagem 146

Preparar, Apontar, Ação! 148

Jogos: E aí, beleza?
(versão de *feedback* verbal) 149
E aí, beleza?
(versão de *feedback* visual) 151
Eu queria tanto... 155
A lei do efeito 157
A ação fala mais alto que as palavras 159
Especialistas instantâneos 161
Lidando com a mudança 163

7 **Ela disse, ele disse: explorando as diferenças de gênero na aprendizagem** 165

Diferenças estruturais 168

Diferenças funcionais 169

Jogos: Desafio cerebral nº 4 177
Cérebros masculino/feminino 181
Percepções masculino/feminino 183

Círculo da inclusão 185
Cara, como você mudou! 187
Feito para ficar 189

8 Boa forma cerebral total: aprimore e enriqueça o funcionamento cerebral 193

Presentes para o seu cérebro 196

Aeróbica cerebral 205

Jogos: Mapa mental 207
Quer ser um gênio? 209
Estresse-estresse-estresse 215
A psicologia da mudança 219
Tire uma carta, qualquer carta 221
Estilos de comunicação 223
O melhor da manhã 229

Sobre os Autores 231

Introdução
Os Jogos e o Cérebro

Você pode descobrir mais sobre uma pessoa em uma hora jogando do que num ano de discussões.

Platão

A pesquisa vem provando, uma vez após a outra, que os jogos, as atividades e os exercícios tornam mais atrativas as sessões de treinamento e ajudam os participantes a alcançar resultados de aprendizagem muito melhores. O verdadeiro aprendizado, é claro, não se encontra no jogo em si, mas no processo da atividade.

Profissionais experientes no desenvolvimento de Recursos Humanos, instrutores e planejadores de eventos e reuniões sabem muito bem o valor de engajar seu público numa participação ativa, e usam essa metodologia de aprendizado de algumas das seguintes formas:

- jogos para desenvolver competências de liderança e aumentar a autoconfiança;
- desafios cerebrais que aumentam as competências de resolução de problemas e incrementam a criatividade;
- exercícios que ensinam as pessoas a serem cooperativas e membros de equipe entusiasmados;
- jogos que melhoram dramaticamente as competências comunicacionais – desde falar em público até saber como ouvir;

- atividades e aquecimento testados para capturar e manter a atenção de qualquer grupo.

Este livro traz um componente jamais incluído num volume cheio de jogos, quebra-cabeças e exercícios desse tipo. Cada capítulo apresenta resumos (fáceis de entender) sobre o estado da arte das recentes pesquisas nas ciências biológicas, psicológicas, cognitivas e comportamentais – e como as pesquisas se relacionam com o processo de aprendizagem. As atividades que seguem cada capítulo vão demonstrar, reforçar e validar a sempre mutante plasticidade do cérebro.

Mas então, por que combinar cérebro e jogos? Recentemente, a mídia parece ter se encantado com o cérebro – como o cérebro funciona, como envelhece, e como cuidar, nutrir e fortalecer o cérebro.

Até recentemente, as pesquisas sobre o cérebro se limitavam a explorar como funcionavam os cérebros doentes, disfuncionais ou sequelados. Até meados dos anos 1980, os pesquisadores não possuíam técnicas seguras e não invasivas para explorar o funcionamento interno de um cérebro saudável. Mas hoje, ajudados por tecnologias de ponta, os neurocientistas avançaram enormemente a nossa abordagem da reflexão e do aprendizado sobre o cérebro.

A Revolução da Boa Forma Cerebral chegou. Essa fronteira desafiadora significa uma nova era – *um admirável mundo cerebral*.

Como usar este livro

Felizmente, você descobrirá que a maior parte dos participantes de treinamentos hoje em dia não apenas apreciam participar dessas atividades e experiências, como também esperam que elas sejam parte integral de seu processo de aprendizado para toda a vida.

Esse tipo de exercício possui múltiplas utilizações. Primeiro e principalmente, eles são uma necessidade absoluta como geradores de contexto. A importância da primeira impressão já está bem documentada, e é obrigatório que se use algum tipo de exercício de apresentação no início dos trabalhos, ou mesmo durante uma apresentação ou palestra. Isso vai dar o tom para o resto do evento. Então, certifique-se de que esses primeiros minutos incluam algum tipo de atividade de boas-vindas. Pode ser algo tão simples quanto "olá, como vai", uma forma breve de conhecer novos amigos, ou um jogo mais extenso de *networking*. Em cada evento, reserve um bom tempo para esse aquecimento no início dos seus trabalhos.

Se você estiver realizando um *workshop*, certamente desejará incorporar outros jogos ao longo da programação. Eles podem ser exercícios que motivam e integram equipes, criam uma atmosfera fértil para lidar com a mudança, aumentam a criatividade ou métodos de resolução de problemas.

Você precisa conhecer o conteúdo deste livro muito bem antes de utilizar os jogos em suas sessões de treinamento, pois ele lhe dará uma excelente compreensão operacional sobre como o cérebro funciona. Dessa forma, você estará mais capacitado para aprimorar o ambiente de aprendizagem, expandindo a experiência e o desenvolvimento dos seus alunos por meio de abordagens inovadoras sobre o cérebro.

Sugestão para utilização dos jogos

Antes de selecionar uma atividade para o seu evento ou programa, certifique-se de ter identificado o objetivo ou propósito geral (ou específico) para a condução do jogo. Esteja completamente familiarizado com o jogo, e até mesmo teste-o com alguns colegas de trabalho, para se certificar de que está bem preparado para usá-lo em seu programa.

Muito embora todos os jogos neste livro tenham sido usados com sucesso em grupos muito variados – desde iniciantes recém-contratados até CEOs –, é necessário que você estabeleça sua própria zona de conforto antes de iniciar.

Quando apresentar um jogo, faça uma breve descrição para a plateia sobre o que eles vão experimentar e descreva claramente os objetivos. Apesar do fato de que às vezes é possível que você se depare com a atitude indiferente de algum participante, a experiência tem demonstrado que uma vez que essas pessoas entendem que não é "apenas" um jogo, mas uma maneira testada para fortalecer e reforçar o que você está ensinando, elas tendem a se envolver ativamente (e com boa vontade).

Embora muitas dessas atividades exijam um período relativamente curto para serem executadas, reserve tempo suficiente para discutir a atividade e as questões que surgirem. Não se sinta restrito ou limitado pelas questões sugeridas; ao contrário, deixe que o grupo prossiga com suas próprias discussões enquanto forem necessárias e apropriadas.

E também tenha em mente, no entanto, que esse tempo de discussão não é para se "lavar a roupa suja" ou se engajar em disputas. Enquanto passear entre os grupos durante as respectivas discussões, ouça atentamente para ter certeza de que estão no caminho certo em seus comentários, mantendo o foco da discussão na questão apresentada. Ao conduzir essas discussões, fique atento a cada participante e tente envolver todos. Você pode encontrar um ou outro "sabe-tudo" que pensa que tem todas as respostas. Embora seja positivo ouvir essa pessoa, não deixe que ninguém monopolize a conversa. Se você estiver anotando as respostas do grupo num quadro, deixe que essa pessoa anote as respostas pelo grupo.

Por outro lado, se você encontrar alguém que parece reticente em fazer qualquer comentário, encontre uma forma de perguntar a essa pessoa algo bem fácil. Simplesmente permitir uma resposta correta pode dar a confiança necessária para que ela assuma um papel mais ativo.

Escolhendo o jogo certo

Ao ler este livro, você vai encontrar uma seleção de jogos/atividades ao final de cada capítulo. Embora esses jogos possam abordar aspectos específicos do funcionamento cerebral, como masculino/feminino ou as diferenças entre o lado direito e o lado esquerdo do cérebro, muitos deles se prestam a outras utilizações.

Por exemplo: as atividades sobre criatividade possuem múltiplos propósitos e podem facilmente ser usadas em outros tipos de programas. O mesmo vale para os exercícios de aquecimento e alguns que enfatizam a estratégia de lidar com a mudança.

Embora todos esses jogos sejam completamente apropriados para *workshops* com grupos pequenos (de até 50 participantes), muitos também podem ser usados em palestras e apresentações diante de grandes grupos. No entanto, como muitas palestras duram uma hora ou menos, se for este o seu caso, escolha uma atividade que possa ser realizada em poucos minutos. O maior desafio ao usar esses jogos em palestras não é fazer as pessoas falarem – é como fazer com que parem de falar quando o tempo se esgota!

Este livro pode ser um excelente recurso para você, como planejador, palestrante, instrutor ou gerente.

Então, vamos jogar!

A Utilização de Jogos e Atividades no Mundo das Reuniões

Quando dou uma palestra, aceito que as pessoas olhem seus relógios, mas o que não aguento é quando elas encostam o relógio na orelha, para saber se ele parou.

Marcel Achard

Destaques do Capítulo

Neste capítulo inicial, você aprenderá diversas maneiras de tornar suas reuniões mais efetivas. Você também descobrirá alguns prós e contras de usar jogos em seus encontros.

Pergunte a qualquer um que tenha alguma experiência na arena dos eventos e palestras e ele concordará com duas coisas sobre o aprendizado pela experiência:

1. **Os participantes de eventos e conferências querem ser entretidos, tanto quanto informados. Em suma, eles querem ter a prova de que aprender pode ser divertido.** Isso não equivale a dizer que todo aprendizado tem de ser uma brincadeira, mas diante do já comprovado baixo limiar de atenção da maioria das plateias, fica claro que devemos envolver e motivar nossos participantes tanto quanto seja possível. De fato, pesquisas recentes sobre o cérebro indicam que, se não envolvemos os participantes de alguma forma a cada 5 ou 7 minutos, nós os perdemos. Novas descobertas nessa área nos indicam que quando nos movemos fisicamente, o corpo produz substâncias que têm um efeito positivo no nosso raciocínio. Por fim, de acordo com o Centro de Aprendizagem Acelerada, "as pessoas que aprendem de forma ativa e divertida aprendem mais rápido e se lembram mais". Esse estudo também sugere que podemos reduzir em até 60% o tempo de treinamento devido a essa rápida absorção.

2. **Aprender não é um esporte para se assistir!** Vamos pensar sobre isso um minuto. Embora acreditemos, é claro, que o conteúdo e o material que trazemos para o grupo seja relevante, adequado e útil, também sugerimos que quanto mais discutimos, debatemos e refletimos sobre essa informação, mais ela vai reverberar em suas mentes. Também é verdade que geralmente aprendemos tanto, senão mais, com nossos colegas durante o intervalo, as conversas de corredor e outros momentos casuais em que gastamos o tempo conversando com os demais participantes. Em outras palavras, as experiências pessoais que geralmente compartilhamos com nossos colegas também são atividades de aprendizagem.

Examinando as reuniões

Existe uma famosa piada que diz que se pegássemos todas as pessoas que estão participando de reuniões de trabalho neste exato momento e as colocássemos deitadas lado a lado, bem, pelo menos elas estariam bem mais confortáveis... Isso seria engraçado, se não fosse geralmente a verdade. Basta dar uma olhada nas suas próprias reuniões de trabalho ou de associações para ver que a piada faz sentido.

Todo dia, literalmente, milhões de reuniões acontecem, e, ainda assim, muitas – senão a maioria delas – falham em seu propósito básico. Pergunte a qualquer profissional experiente em reuniões e ele dirá o quão importante é ter metas e objetivos claros para cada reunião. Examine o histórico da sua organização, no entanto, e ele contará uma história diferente. Por exemplo: uma associação pode ter seu encontro anual. Mas por quê?, você se pergunta. "Bem, porque nós sempre organizamos o encontro anual, todo ano!" Parece meio redundante, não é?

No mercado atual, com a incerteza na economia e o contínuo escrutínio do mundo das reuniões como um todo, é melhor estarmos preparados para alguns sérios questionamentos – talvez até mesmo de nossos superiores, de acionistas e colegas.

Então, após essa rápida introdução, vejamos algumas dicas e perguntas bem testadas que podem ser examinadas.

Dicas testadas para melhorar as reuniões

Estas sugestões o ajudarão a se assegurar de que seus encontros e reuniões – desde pequenos *workshops* e seminários de treinamento até conferências e convenções com milhares de participantes – serão produtivos e de boa relação custo/benefício.

Defina seus objetivos

- Apresentar informação nova?
- Anunciar uma mudança?
- Revisar ou modificar políticas?

- Resolver um problema?
- Motivar ou recompensar?
- Apresentar um novo produto?

Você tem uma meta específica em mente da qual os outros estejam cientes? Em caso negativo, por que não?

Mire nos resultados

- O que acontecerá depois que a reunião acabar?
- Quais os resultados desejados ao final da reunião?
- Como você saberá se os resultados foram atingidos?
- Como o seu gerente e os participantes saberão que os resultados foram atingidos?

Em muitas associações, observamos uma forte tendência para que, antes da fala, palestrantes e facilitadores explicitem três ou quatro objetivos ou resultados sólidos dentro do que esperam que os participantes aprendam ou alcancem.

Nos velhos tempos, um objetivo poderia ser simplesmente "entender" ou "analisar" um certo conceito; certamente, esse tipo de abordagem não cola hoje em dia. Profissionais experientes em reuniões exigem que esses objetivos sejam postos em termos comportamentais, orientados para a ação, como "identificar os cinco passos para se fechar uma venda" ou "demonstrar pelo menos três formas de aumentar a satisfação do consumidor".

Defina os participantes

- Quem comparecerá à reunião? Essas são as pessoas adequadas?
- Elas têm experiência ou histórico apropriado para poderem contribuir com as metas da reunião?
- Você sabe quais são as expectativas? Será que existe algum objetivo oculto em suas mentes?
- Você tem certeza de que vão escutá-lo, em vez de mandar torpedos ou usar seus smartphones o tempo todo?
- Eles estão ali porque realmente querem estar ali – ou este é o caso de uma plateia cativa (isto é, "estou aqui porque meu chefe me mandou vir")?

Determine a pauta

- Quais são os tópicos que devem ser abordados?
- Para grupos pequenos, você tem uma pauta preparada?
- Seus participantes receberam a pauta com antecedência?
- Os participantes terão a chance de alterar ou sugerir temas para a pauta? Você tem flexibilidade para permitir isso?

Considere o tempo

- Quanto tempo vai durar a reunião?
- Para que hora do dia está marcada a reunião?
- Há tempo suficiente para cobrir adequadamente todos os itens da lista? Se não, quando será marcada a próxima reunião?
- Em que dia(s) da semana deve-se marcar reuniões? Segundas-feiras e sextas-feiras não são bons dias para reuniões – as pessoas tendem a ter melhor humor e mais energia no meio da semana –, logo, reuniões costumam ter êxito quando marcadas às quartas-feiras ou quintas-feiras.

Definindo papéis

- Quais papéis e/ou responsabilidades terão seus clientes?
- Você necessita de um facilitador? De um parlamentar? De um escriba? Ou de um "cronometrista"?
- Os clientes estão confortáveis com suas respectivas tarefas? Eles se voluntariaram para fazê-las, ou foram voluntariados por um terceiro?

Decidindo o método do processo

- Os itens na pauta de reunião necessitam de uma decisão ou são apenas informacionais?
- Se o papel decidido for o de um facilitador, você se assegurou de que todos poderão participar?
- Caso sua tarefa seja a de um capacitador de equipe (treinador) ou de interação oral, você reservou o tempo necessário para outras maneiras de interação com o grupo?

Criando-se a rota de ação

- Ao encerramento de cada reunião vocês identificaram a rota de ação que o grupo elegeu como a melhor?
- Todos já têm consciência do que devem fazer?
- Já existe uma lista de "por fazer" para que nada seja esquecido?

Nada é tão frustrante ou irritante para um grupo do que sair de uma reunião sem ideias do que deve ser feito depois. Seus clientes deverão sentir que seu tempo não foi desperdiçado.

Avaliando as reuniões

- Após cada reunião, você deve informar aos participantes e a outros grupos importantes sobre cada decisão tomada.
- No retrospecto, foram tomadas decisões corretas? Se não, o que é necessário ser feito depois?

Certamente, uma crítica ou avaliação formal é parte fundamental e esperada de um programa de capacitação, mas até em interações de pequenos grupos alguns tipos de comentários são de extrema importância.

Então, agora...

Características dos jogos e atividades

Terminada essa rápida visão sobre o mundo das reuniões, vamos dirigir nossa atenção para algumas características dessas atividades de aprendizagem. Essencialmente, um jogo ou exercício pode ser usado para apoiar ou aprimorar a compreensão do assunto ou conteúdo que você está apresentando. Esteja você empregando aprendizagens do tipo cognitivo, afetivo ou psicomotor, todas elas podem ser reforçadas por meio da utilização de atividades que envolvam a plateia.

É importante relembrar, é claro, que o jogo não é o ponto focal do aprendizado, mas, sim, que ele é usado para enfeitar e apoiar o mesmo. Em suma, não deixe aquele ditado "o rabo que balança o cachorro" entrar em ação.

Neste livro, você encontrará as seguintes características em todas as atividades apresentadas:

- **Duração:** Na maioria dos casos, as atividades duram de alguns minutos a meia hora. Embora todos nós já tenhamos visto algumas atividades que levam uma hora ou mais, acreditamos que quanto menor, melhor. Isso serve apenas como sugestão de que as pessoas querem o conteúdo e que, embora os jogos possam ser, é claro, divertidos, devem ter um papel secundário diante da informação que está sendo apresentada.
- **Baixo risco:** Todos os exercícios apresentados foram utilizados com grupos em várias partes do mundo. Todos foram testados no campo com uma diversidade de grupos, desde iniciantes a executivos, e se você lhes dedicar o tempo adequado, pode ter certeza de que funcionarão a contento.
- **Adaptáveis:** Independentemente dos grupos com os quais você está trabalhando, use os jogos da forma como são apresentados ou, melhor ainda, adapte-os a cada plateia específica.
- **Baratos:** Como você vai perceber, a maioria dos jogos requer muito pouco ou nenhum recurso. Mesmo com aqueles que exigem materiais de apoio no espírito "ecológico", eles podem facilmente ser transformados em *slides* de PowerPoint.
- **Direcionados:** A maioria dos jogos possui objetivos ou pontos de aprendizagem específicos. No entanto, você pode descobrir outras utilizações tangenciais para eles. Se for este o caso, melhor! Leia os exercícios escolhidos e tome suas decisões conscientemente.

Sugestões para a utilização dos jogos

Pesquisas recentes sobre o cérebro indicam a importância da atividade física e mental para aprimorar a memória e o processo de aprendizagem. Então, tenha esses pontos em mente quando for planejar ou organizar seu próximo programa de trabalho.

Em suma, considere as sugestões a seguir para otimizar os resultados com o uso desses jogos:

- **Esteja preparado:** Já foi dito que as três partes mais importantes de qualquer apresentação são: (1) preparação, (2) preparação e, claro, (3) preparação! Também existe aquela piada sobre a "preparação substituindo a falta de talento". Não chegaríamos a tanto, lógico, mas o ponto subjacente se mantém: planeje e pratique o jogo com seus colegas, familiares ou amigos. Isso criará uma sólida zona de conforto e vai prepará-lo melhor para qualquer situação.

- **Seja breve**: Como explicado anteriormente, apresente seu conteúdo e siga em frente. E lembre-se de que os jogos são sempre incluídos como um benefício adicional, uma maneira divertida de abordar a informação. Não deixe que eles se tornem o prato principal. Certamente, uma atividade de apresentação de 2 ou 3 minutos no início de uma reunião de um pequeno grupo é praticamente obrigatória (especialmente se os participantes ainda não se conhecem), mas não use coisas cedo demais. Algumas regras básicas: numa palestra de 45 minutos, use talvez um ou dois jogos, no máximo. Num *workshop* de meio período ou mais, espalhe vários deles durante o dia. Às vezes, tudo o que você precisa é dar um tempo para as pessoas se levantarem e andarem um pouco.

- **Tenha foco:** O velho ditado "você não tem como se perder se não souber para onde está indo" pode até ser verdade, mas não tem nenhum valor no ambiente de trabalho atual. Cada um desses jogos tem uma meta ou objetivo específico, descrito claramente abaixo do título do jogo. Certamente, você encontrará outros propósitos. Isso é bom, mas certifique-se sempre de que os seus participantes saibam precisamente as razões e os objetivos para cada jogo ou atividade. Dê sempre tempo suficiente para conversas após a atividade. Esse tempo de processamento é extremamente valioso, pois permite a todos os participantes entenderem melhor o objetivo e como o exercício reforça o que você estava expondo.

- **Busque a participação:** Isso pode parecer tolo, mas se você deseja o envolvimento do grupo, precisa demonstrar que também está se divertindo. Reconheça abertamente que você pode não ter todas as respostas, mas está honestamente solicitando a ajuda e a participação dos ouvintes em tornar aquele programa específico o mais viável e recompensador possível para eles. Os jogos existem para ajudar a facilitar o aprendizado, e para muitas pessoas o aprendizado é um processo de autodesenvolvimento. Além disso, dada a natureza das plateias de hoje, a atenção não estará direcionada ao palestrante ou facilitador durante 100% do tempo. Claramente, ninguém quer apenas ouvir um "falatório", e, ao envolvê-los, você já está no caminho de tornar o *workshop* mais produtivo e agradável.

- **Seja divertido:** Isso não significa agir como um comediante no palco, mas apenas que está tudo bem em se divertir durante as sessões. Ao deixar que as pessoas saibam disso no início do seu programa, você já começa a estabelecer o *rapport* fundamental com qualquer grupo. Tenha em mente, é claro, que os jogos têm seu lugar na maioria dos programas – mas não necessariamente em todos os programas. Há vezes em que o humor seria claramente inoportuno. Mas isso não significa que você não deve ter o envolvimento da plateia o tempo todo.

Alguns avisos importantes

Embora nossa opinião a respeito do envolvimento do grupo seja séria, seríamos omissos se não mencionássemos algumas coisinhas a se observar durante o trabalho.

- **Não seja engraçadinho:** Se você é visto como o "palhaço da turma", escolheu a profissão errada. E se o seu programa se resume a nada mais do que diversão e jogos, então realmente está na profissão errada. Ao longo deste livro, você verá diversas atividades que são divertidas e agradáveis; mas certifique-se de sempre enfatizar os objetivos e os conteúdos de aprendizagem. A última coisa que você deseja é que os participantes saiam do programa com as seguintes questões não respondidas: O que eu deveria ter aprendido? Esse tempo valeu realmente o esforço? O que ele queria mesmo dizer? Por que passamos tanto tempo jogando aquele jogo?

- **Não exagere:** Como mencionado anteriormente, o jogo é sempre um aperitivo ou uma sobremesa, mas nunca o prato principal. Use os jogos somente no momento certo. E lembre-se de que nem sempre o jogo precisa ser divertido. A atividade pode assumir muitas formas, desde que seja relevante e esteja ligada ao conteúdo abordado.

- **Não use os jogos para passar o tempo:** O tempo é a mercadoria mais preciosa do mundo, hoje mais do que nunca, e o tempo dos participantes é precioso demais para ser desperdiçado. Escolha suas atividades sabiamente – se é possível passar o conteúdo com um exercício de 10 minutos, para que passar meia hora para se atingir a mesma meta?

- **Evite o "congelamento" das regras:** Esses tópicos de apresentação tendem a ser bastante fluidos. Seja inovador; seja criativo. Descubra usos alternativos para os jogos aqui apresentados. Adicione, apague ou mude esses itens como achar adequado. Ao misturar as coisas, você deve sempre se assegurar de que a plateia esteja com você durante todo o tempo!

É isso aí. Senhoras e senhores, liguem seus motores!

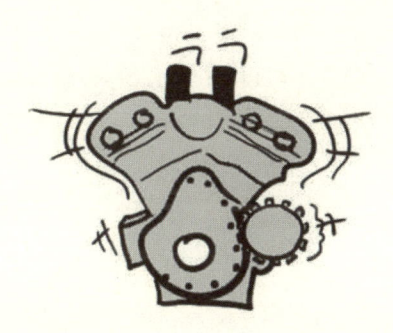

Desafio Cerebral nº 1

OBJETIVOS
- Fazer algo "divertido".
- Exercitar a criatividade ou a resolução criativa de problemas.

Materiais:
Uma cópia do material para o Desafio Cerebral nº 1 (a seguir) para cada participante.

Duração:
5 a 15 minutos.

Instruções

Dê a cada participante uma cópia do material. Explique que cada um dos 16 itens sugere um conhecido *slogan*, frase ou ditado e que a tarefa é decifrar a mensagem oculta em cada item. Para fazer a bola rolar e se assegurar de que o grupo tenha entendido claramente como funciona o desafio, dê a resposta de um dos itens.

Deixe que os participantes resolvam o desafio individualmente, por 2 ou 3 minutos. Depois, sugira que façam dupla com um companheiro e veja quantos outros itens eles conseguem resolver juntos. Dê mais 2 ou 3 minutos. Então, começando com o item nº 1, comece a perguntar as respostas para o grupo. Se a resposta estiver bem perto da correta (se eles pegaram a ideia geral, mas uma ou outra palavra está errada), simplesmente repita a resposta da forma correta.

Questões para Discussão

1. Quantos itens vocês conseguiram resolver sozinhos?
2. Quantos itens vocês resolveram quando trabalharam em conjunto?
3. Quando trabalhou com o companheiro, surgiram respostas alternativas?
4. Vocês seriam capazes de criar alguns desses desafios? Tentem fazer um agora. É mais fácil resolver ou criar um desafio cerebral?

MATERIAL

Desafio Cerebral nº 1

Decifre o significado oculto de cada item. Cada um deles descreve um conhecido *slogan* ou ditado.

1. ESQU
       I
       N
       A

2. ESTADOESTADOESTADO

3. VIVAPRENDENDO

4.   P
       A
       L
   PALAVRA
       V
       R
       A

5. LU/CROS

6. TMT

7. MMÃÃOO

8. ÀP AD

9. ESTECONSOUDIRODO

10.   Á
      R   R
     O   I
    H   O

11. V   E   R   S   Ã   O

12. BAN / CA

13. R.....U....A

14. BOD Ag S

15. OSSEVA OD

16. TELEg

MATERIAL

Desafio Cerebral nº 1* – Respostas

1. DOBRAR A ESQUINA
2. ESTADOS UNIDOS
3. VIVENDO E APRENDENDO
4. PALAVRAS CRUZADAS
5. DIVISÃO DOS LUCROS
6. EXTRATO DE TOMATE
7. MÃO DUPLA
8. DA PÁ VIRADA
9. TESOURO ESCONDIDO
10. HORÁRIO DE PICO
11. VERSÃO ESTENDIDA
12. QUEBRANDO A BANCA
13. NO MEIO DA RUA
14. BODAS DE PRATA
15. VIRAR DO AVESSO
16. TELEGRAMA

* N.T.: Pelo fato de muitos dos desafios serem impossíveis de serem traduzidos, optamos por criar novos desafios em português, que, mesmo não sendo reproduções literais, preservam a estrutura e o espírito da versão em inglês.

Tempestade de Ideias (*brainstorming*)

OBJETIVOS
- Ilustrar como as ideias são geradas.
- Mostrar que um processo de "pensamento coletivo" pode aumentar realmente o número de ideias geradas.

Materiais:
Clipes de papel, papéis, lápis.

Duração:
5 a 10 minutos.

Instruções

Explique que o cérebro trabalha 24 horas por dia, sete dias por semana, e que as pesquisas mostram que a cada 90 minutos ocorre literalmente uma "tempestade" no cérebro; daí o termo *brainstorming* (tempestade cerebral, em inglês).

Antes de começarmos a mergulhar nos problemas do mundo real – como aumentar a produtividade, como diminuir os custos, como sua empresa pode ficar mais "verde" e essas coisas –, devemos aclimatar o grupo com este processo de pensamento.

Peça aos participantes que formem equipes de três ou quatro membros. Explique que sua tarefa é pensar quantas utilidades diferentes existem para um clipe de papel comum, em apenas dois minutos. Peça que anotem a quantidade de ideias – e não as ideias em si. Estimule uma atmosfera de competitividade divertida entre eles.

Mas, antes, repasse as regras da tempestade de ideias:

1. Não é permitido o julgamento crítico.
2. É permitido "viajar na maionese" – quanto mais louco, melhor!
3. Quantidade e não qualidade é o objetivo – quanto mais, melhor!
4. Busque recombinar ou aprimorar as ideias.

Variação

Como atividade alternativa, pergunte "como você poderia melhorar o seu lápis comum?"

Questões para Discussão

1. Quantas ideias a sua equipe gerou?
2. Quais foram alguns dos usos que vocês pensaram? (alfinete de gravata, uma corrente etc.)
3. Quais foram as ideias mais "malucas" que vocês pensaram?
4. Vocês acharam que o pensamento coletivo trouxe à tona mais ideias?

Pessoas Criativas que eu Conheço

OBJETIVO
- Demonstrar que a criatividade não está limitada a celebridades e a artistas conhecidos.

Materiais:
Canetas e papel.

Duração:
10 a 15 minutos.

Instruções

Peça ao grupo para formar equipes de dois ou três integrantes.

Solicite que comecem anotando, o mais rápido possível, a maior quantidade de palavras ou termos associados com traços de criatividade, originalidade, imaginação, engenhosidade ou inventividade que puderem pensar.

Após 3 ou 4 minutos, peça às equipes que compartilhem suas descobertas.

Agora, peça que anotem os nomes de pessoas que conhecem – colegas e companheiros de trabalho, parentes, gerentes, amigos etc. – que demonstraram possuir criatividade em seu trabalho ou na vida.

A ideia é que eles percebam que, em seu dia a dia, estão cercados de originalidade, imaginação e engenhosidade.

Ponha a modéstia de lado e sugira que possam até mesmo falar deles mesmos.

Questões para Discussão

1. Os companheiros mencionaram características que você não considerava como traços de criatividade?
2. Enquanto você relembrava as pessoas criativas da sua vida, porque seus nomes vieram à sua mente?
3. Que traços eles exibiram para expressar a criatividade?
4. Há algum traço em comum na lista de pessoas criativas, como idade, gênero ou tipo de trabalho? Os traços discutidos podem ser transferidos?
5. Que características você acha pessoalmente as mais inspiradoras?

Os Seis Chapéus Pensantes (Perspectiva Grupal)

OBJETIVO
- Demonstrar como nossas competências de pensamento criativo podem melhorar e expandir a qualidade do processo decisório.

Materiais:
Cópias da descrição de *Os Seis Chapéus Pensantes* (a seguir), papel, canetas.

Duração:
20 a 30 minutos.

Instruções

O Dr. Edward de Bono, reconhecido como um dos gurus do pensamento criativo, propôs uma maneira inovadora de aumentar nosso poder de pensamento lateral. Em seu livro *Os Seis Chapéus Pensantes*, ele descreve um processo que nos dá a oportunidade de explorar e compreender melhor a complexidade de um conceito, ideia ou decisão ao olhar para eles segundo diferentes pontos de vista. Metaforicamente, cada um dos chapéus de cores diferentes representa uma abordagem, estilo ou perspectiva de pensamento diferente que cada um possui, consciente ou inconscientemente.

Divida os participantes em cinco equipes (explique que apenas cinco equipes serão necessárias, já que você, como o líder, usará o chapéu azul) e distribua aleatoriamente os demais chapéus e cores pelas equipes.

Decidam de comum acordo sobre qual ideia, conceito ou decisão central, corrente ou significativa vocês desejam trabalhar. (Você pode já ter decidido um assunto que seja relevante ou mesmo crítico de acordo com o propósito daquela reunião.)

Distribua cópias da descrição de *Os Seis Chapéus Pensantes* ou exiba-a num *slide* de PowerPoint. Repasse com os participantes os diferentes estilos de pensamento.

Peça que os membros de cada equipe, enquanto estiverem "usando" seu chapéu e respondendo de acordo com aquele estilo de pensamento, discutam e anotem suas respostas para o assunto em pauta. (Esses apontamentos podem tomar a forma de perguntas, respostas, sugestões, fatos, sentimentos ou críticas – dependendo de qual chapéu estiver sendo usado.)

Após 5 a 15 minutos (dependendo da complexidade do assunto), peça às equipes que compartilhem seus achados.

Questões para Discussão

1. Para as equipes – segundo a perspectiva da cor do seu chapéu, quais são suas conclusões sobre o assunto apresentado? (Pergunte a cada uma das cinco equipes.)
2. Você teria se sentido mais confortável respondendo de acordo com a perspectiva de outro chapéu colorido – segundo uma perspectiva ou estilo diferente? Por quê?
3. Você conhece alguém que usa o mesmo chapéu o tempo todo?
4. Agora você tem uma perspectiva diferente ou variada a respeito deste assunto?
5. Você consegue perceber como essa abordagem – usando diferentes estilos de pensamento – pode ser útil em outras áreas, em outros assuntos?

MATERIAL

Os Seis Chapéus Pensantes

Metaforicamente, cada um dos chapéus de cores diferentes representa uma abordagem, estado ou perspectiva de pensamento diferentes. Fazer todas estas perguntas pode melhorar a qualidade do seu processo decisório.

- **Chapéu Verde** (Pensamento Criativo): Sem crítica, apenas criatividade. Explore, investigue e expanda sua ideia, decisão ou conceito e, ao fazê-lo, liberte o seu pensamento.

- **Chapéu Vermelho** (Sentimento): Qual é sua reação ou sentimento instintivo (não é a justificativa racional – apenas a resposta emocional)? Você é passional, temeroso ou indeciso a respeito dessa ideia?

- **Chapéu Branco** (Neutralidade): Como a cor branca, essa abordagem reforça a neutralidade. Seja objetivo; liste os prós e os contras, usando apenas os fatos que você possui. Procure por falhas ou furos na teoria e aborde-os com os dados apropriados.

- **Chapéu Preto** (Julgamento Negativo): Essa é a bandeira de atenção. Interprete o advogado do diabo; liste as razões pelas quais essa ideia pode não ser a melhor, afinal. Quais são suas objeções? Por que você deveria ser cauteloso?

- **Chapéu Amarelo** (Julgamento Positivo): Seja otimista e positivo a respeito da ideia. Quais são todos os benefícios possíveis e o valor dessa decisão ou ideia?

- **Chapéu Azul** (Controle de Processos): Este é o chapéu usado pelo condutor da reunião. Como um guarda de trânsito, o chapéu azul ajuda a facilitar a discussão e o debate. (Você pode sugerir revisitar a resposta de uma equipe se surgirem novas informações ou pode estimular as equipes a se questionarem mutuamente.)

Os Seis Chapéus Pensantes
(Perspectiva Individual)

OBJETIVO
- Demonstrar como nossas competências de pensamento criativo podem melhorar e expandir a qualidade do processo decisório.

Materiais:
Cópias da descrição de *Os Seis Chapéus Pensantes* (a seguir), papel, canetas.

Duração:
20 a 30 minutos.

Instruções

O Dr. Edward de Bono, reconhecido como um dos gurus do pensamento criativo, propôs uma maneira inovadora de aumentar nosso poder de pensamento lateral. Em seu livro *Os Seis Chapéus Pensantes*, ele descreve um processo que nos dá a oportunidade de explorar e compreender melhor a complexidade de um conceito, ideia ou decisão ao olhar para eles segundo diferentes pontos de vista. Metaforicamente, cada um dos chapéus de cores diferentes representa uma abordagem, estilo ou perspectiva de pensamento diferente que cada um possui, consciente ou inconscientemente.

Explique aos participantes que eles terão a oportunidade de examinar mais detalhadamente um desafio atual (uma ideia, conceito, proposta ou decisão) e explorá-lo segundo perspectivas de pensamento diferentes para melhorar a qualidade do processo decisório.

Distribua cópias da descrição de *Os Seis Chapéus Pensantes* ou exiba-a num *slide* de PowerPoint. Repasse com os participantes os diferentes estilos de pensamento.

Explique que eles devem registrar sua ideia, conceito ou proposta no topo do papel e depois usar as diferentes abordagens de pensamento (representadas pelos chapéus) para explorar a ideia. Dê 10 minutos para esse trabalho individual e depois peça aos participantes que escolham um parceiro para ajudá-los a expandir a abordagem. Dê mais 5 minutos para essa interação.

Questões para Discussão

1. Você percebeu outras ideias, questões ou opções de acordo com a abordagem do chapéu?
2. Existe alguma abordagem/chapéu com a qual você se sente mais confortável de trabalhar?
3. Você conhece alguém que use o mesmo chapéu o tempo todo?
4. Agora você possui uma perspectiva diferente ou variada sobre o assunto?
5. Você consegue perceber como essa abordagem – usando diferentes estilos de pensamento – pode ser útil em outras áreas, em outros assuntos?

MATERIAL

Os Seis Chapéus Pensantes

Metaforicamente, cada um dos diferentes chapéus coloridos representa uma abordagem, estado ou perspectiva de pensamento. Fazer essas perguntas pode melhorar a qualidade do seu processo decisório.

Escreva sua ideia, proposta ou decisão:

_____

_____

Leia as descrições dos chapéus a seguir e anote qualquer ideia que possa ajudar realmente na exploração do conceito.

- **Chapéu Verde** (Pensamento Criativo): Sem crítica, apenas criatividade. Explore, investigue e expanda sua ideia, decisão ou conceito e, ao fazê-lo, liberte o seu pensamento.

_____

_____

- **Chapéu Vermelho** (Sentimento): Qual é sua reação ou sentimento instintivo (não é a justificativa racional – apenas a resposta emocional)? Você é passional, temeroso ou indeciso a respeito dessa ideia?

_____

_____

- **Chapéu Branco** (Neutralidade): Como a cor branca, essa abordagem reforça a neutralidade. Seja objetivo; liste os prós e os contras, usando apenas os fatos que você possui. Procure por falhas ou furos na teoria e aborde-os com os dados apropriados.

_____

_____

MATERIAL

Os Seis Chapéus Pensantes

- **Chapéu Preto** (Julgamento Negativo): Essa é a bandeira de atenção. Interprete o advogado do diabo; liste as razões pelas quais essa ideia pode não ser a melhor, afinal. Quais são suas objeções? Por que você deveria ser cauteloso?

  _____

  _____

- **Chapéu Amarelo** (Julgamento Positivo): Seja otimista e positivo a respeito da ideia. Quais são todos os benefícios possíveis e o valor dessa decisão ou ideia?

  _____

  _____

- **Chapéu Azul** (Controle de Processos): Como um guarda de trânsito, o chapéu azul ajuda a facilitar a discussão e o debate e aponta para o próximo passo do processo.

  _____

  _____

Quem Vem Primeiro?

OBJETIVO
- Praticar as competências lógicas e de solução de problemas.

Materiais:
Cópias do material de *Quem Vem Primeiro?* e Organograma.

Duração:
15 a 20 minutos.

Instruções

Diga ao grupo que eles trabalharão em equipes de duas ou três pessoas para identificar as pessoas em um organograma. Sugira que, embora aparentemente não possuam informação suficiente para resolver o problema, isso não é a verdade. Explique que eles devem usar a lógica, o pensamento dedutivo e um processo eliminatório para facilitar a resolução.

Dica

Se você perceber que o grupo está tendo dificuldade em começar, sugira que desenhem uma matriz e simplesmente usem o processo de eliminação.

Questões para Discussão

1. Quantos de nós quase desistiram logo de início? Por quê?
2. Alguém usou a abordagem da matriz para resolver o problema?
3. Com que frequência somos confrontados com problemas que parecem insolúveis?
4. Como você reage quando um problema parece insolúvel?

MATERIAL

Quem Vem Primeiro?

Ao estudar as informações a seguir, determine quais indivíduos ocupam os respectivos papéis no organograma deste hotel. Escreva os nomes no local apropriado do organograma.

Pessoal do Hotel

Sra. A. Wood

Sr. C. Quin

Sr. S. Silva

Srta. P. Wagner

Srta. T. Thain

Sr. B. Stephen

Fatos a considerar

1. O neto do gerente-geral é o subgerente.

2. O genro do gerente da recepção é o gerente de alimentos e bebidas.

3. O Sr. Stephen nunca teve filhos.

4. O Sr. Silva tem 23 anos de idade.

5. A prima do assistente administrativo é a Srta. Thain.

6. O gerente-geral é vizinho do Sr. Quin.

7. A Srta. Wagner e a Srta. Thain comemoraram seu 25º aniversário na semana passada.

MATERIAL

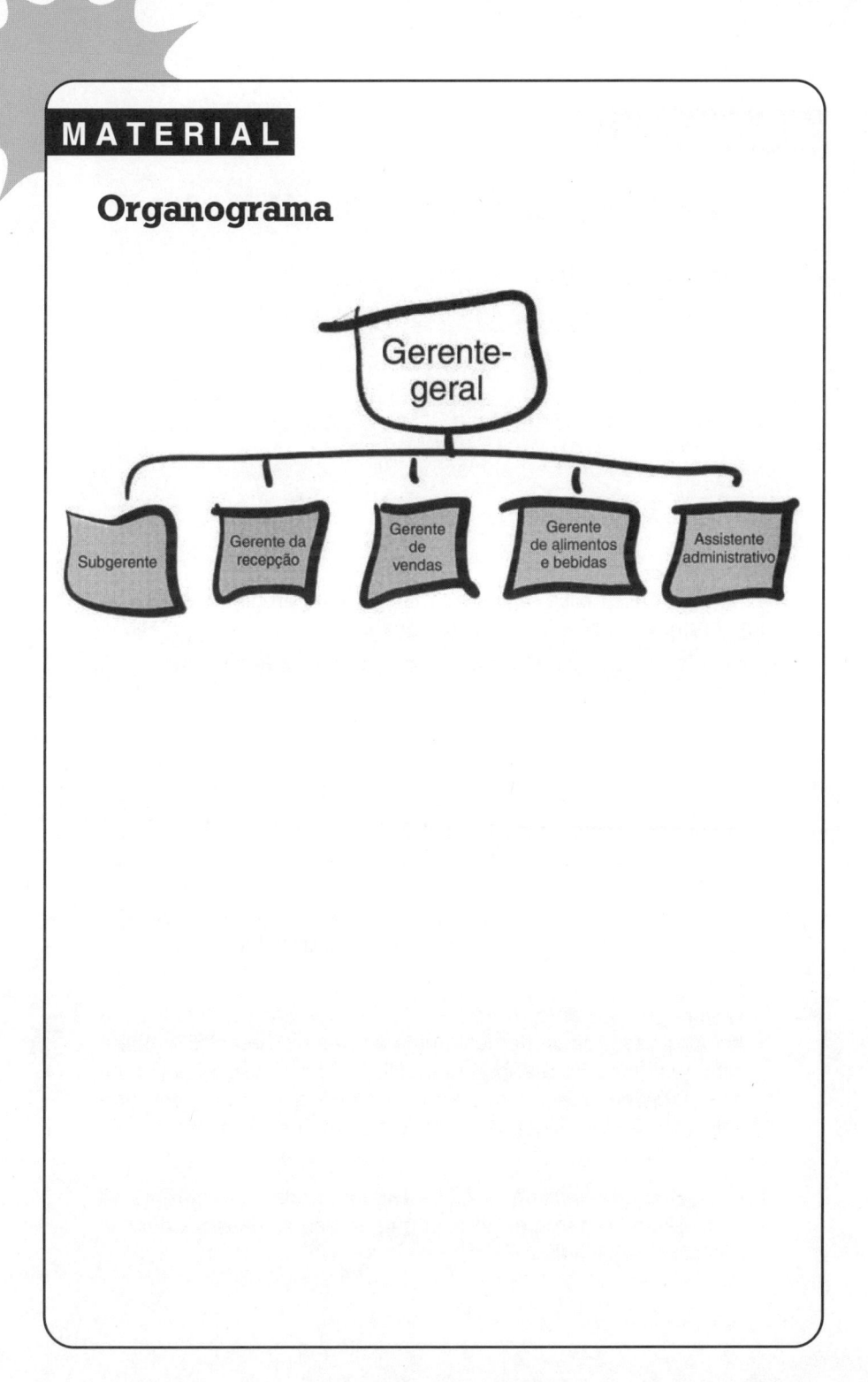

Organograma

- Gerente-geral
  - Subgerente
  - Gerente da recepção
  - Gerente de vendas
  - Gerente de alimentos e bebidas
  - Assistente administrativo

MATERIAL

Respostas para "Quem Vem Primeiro?"

Gerente-geral: Sra. Wood

Subgerente: Sr. Stephen

Gerente da recepção: Sr. Quin

Gerente de vendas: Srta. Thain

Gerente de alimentos e bebidas: Sr. Silva

Assistente administrativo: Srta. Wagner

A maneira mais fácil e rápida de resolver este problema é usando uma matriz e o processo de eliminação.

Cada informação dá pistas importantes sobre onde cada indivíduo se encaixa no organograma.

Por exemplo:

1. *O neto do gerente-geral é o subgerente.* Isso nos diz que o assistente administrativo é homem, logo, eliminamos a Sra. Wood, a Srta. Wagner e a Srta. Thain. Depois, sabemos que o Sr. Stephen, que nunca teve filhos, não pode ser o gerente-geral, e o Sr. Silva, com 23 anos, é jovem demais para ter netos.

2. *O genro do gerente da recepção é o gerente de alimentos e bebidas.* Isso rapidamente elimina as três mulheres. E também elimina tanto o Sr. Stephen (sem filhos) como o Sr. Silva (jovem demais). Com esses cinco fora do páreo, a única pessoa que sobra é o Sr. Quin, que deve ser o gerente da recepção.

3. *O Sr. Stephen nunca teve filhos.* Ele não pode ser o gerente da recepção ou o gerente-geral, já que ambas as pessoas nessas posições têm filhos.

MATERIAL

4. *O Sr. Silva tem 23 anos de idade.* Jovem demais para ter um genro, então, não pode ser o gerente da recepção.

5. *A prima do assistente administrativo é a Srta. Thain.* Isso tudo nos diz que a Srta. Thain não é assistente administrativa.

6. *O gerente-geral é vizinho do Sr. Quin.* Obviamente, então, ele não pode ser o gerente-geral.

7. *A Srta. Wagner e a Srta. Thain comemoraram seu 25º aniversário na semana passada.* Elas são jovens demais para terem filhos adultos, logo, não podem ser gerente-geral ou gerente da recepção.

2

Conceitos "Muito" Básicos sobre o Cérebro. Como Ele É?

Use-o e receba mais dele.
						Dr. Elkhonon Goldberg, neuropsicólogo

Destaques do Capítulo

Este capítulo apresenta os conceitos "muito" básicos sobre as mais importantes estruturas cerebrais e suas diversas funções, especialmente aquelas relacionadas com o aprendizado.

Nos últimos anos, o público parece ter desenvolvido um apetite insaciável por aprender mais coisas sobre o cérebro humano. Até mesmo a mídia embarcou nessa viagem. O tempo todo vemos novas reportagens sobre as últimas descobertas a respeito dessa quase esotérica "massa cinzenta". Não mais um domínio exclusivo da comunidade acadêmica e de neurociências, o conhecimento sobre como o cérebro opera, e como podemos nutrir e fortalecer melhor esse celebrado órgão, é algo para o qual todos somos convidados a explorar em conjunto.

Até 25 anos atrás, sem a vantagem das tecnologias seguras e não invasivas, os pesquisadores se viram diante de um desafio perigoso e assustador na tentativa de mapear a operação interna de um cérebro saudável. Nosso conhecimento sobre como o cérebro saudável funciona era baseado somente na observação de como ele *não funcionava* – já que a pesquisa era realizada majoritariamente utilizando cérebros doentes, feridos, ou não funcionais de cadáveres.

O advento das novas tecnologias de monitoramento cerebral e outras técnicas de pesquisa de ponta permitiram aos pesquisadores realizar estudos muito mais complexos e abrangentes sobre o cérebro, como, por exemplo:

- *CAT: a Tomografia Axial Computadorizada* capta múltiplas imagens de raios-X, permitindo uma visão de todo o cérebro, mas não reproduz movimentos.
- *PET: a Tomografia por Emissão de Pósitrons* incorpora o uso de partículas radioativas injetadas no cérebro e monitoradas enquanto viajam com o fluxo sanguíneo do cérebro.
- *SPECT: a Tomografia Computadorizada por Emissão de Fóton Único*, de modo semelhante à PET, usa partículas radioativas para monitorar o fluxo sanguíneo no tecido.
- *MRI: a Imagem por Ressonância Magnética* nos dá uma imagem estrutural em 3D do cérebro, permitindo aos pesquisadores observar que áreas do cérebro estão ativas quando um sujeito realiza alguma tarefa específica.

- *PET/CT:* a *Tomografia por Emissão de Pósitrons/Tomografia Computadorizada* combina as vantagens tanto da PET quanto da CAT.
- *PEPSI:* a *Imagem Espectroscópica Ecoplanar de Prótons* mapeia a atividade química cerebral.
- *MEG: Magnetoencefalografia* revela informações relativas às atividades de ativação neuronal do cérebro.

Essas tecnologias de mapeamento cerebral permitem que os neurocientistas percorram um grande caminho nas descobertas dos mistérios do cérebro humano; ainda assim, a maioria dos especialistas na matéria admite que sabemos muito pouco sobre este órgão fascinante. Uma coisa é certa – quaisquer que sejam as informações que os neurocientistas descubram o assunto é agora cobiçado e distribuído largamente com pessoas em disciplinas relacionadas ou não, incluindo a antropologia, a educação, a linguística e a psicologia.

E não são apenas as comunidades científicas e profissionais que expressam entusiasmo pelas últimas descobertas sobre o cérebro. O público em geral, mais interessado em assuntos relacionados ao cérebro, também espera ansiosamente por novas descobertas. A tendência social de entendimento e preocupação com nossos corpos (a revolução da boa forma) agora se expandiu para incluir o cuidado e a nutrição do cérebro. Muitos neuroespecialistas famosos (como Bruce Lipton, John Medina, Jill Bolte Taylor, Daniel Amen, Louann Brizedinne, Richard Restak, Norman Doidge, Sharon Begley, John Demos e Paul Swingle) produziram inúmeros livros, CDs, vídeos e jogos sobre as funções cerebrais, em linguagem de fácil entendimento e direcionados ao público leigo. Esses desenvolvimentos excitantes representam uma nova era de indivíduos usando as ciências do cérebro para assumir a responsabilidade por sua própria boa forma cerebral – um admirável mundo novo do cérebro.

Estrutura básica do cérebro

Para qualquer treinador, educador, palestrante ou líder, é uma boa ideia ter alguma noção sobre algumas ferramentas psicológicas que seus alunos ou suas plateias possuem. Essa informação vai servir como fundamento para compreender como os alunos usam suas ferramentas cerebrais na apreensão do material que você lhes apresentar.

Compreender os processos biológicos, a estrutura e as funções básicas do cérebro é útil para entendermos áreas críticas do aprendizado, como a atenção, o processamento e a consolidação de informações, assim como a ativação da memória. No entanto, cientes da complexidade desse assunto, sabemos que mesmo as informações básicas podem ser desafiadoras. Por isso, vamos começar com o que é "muito" básico.

O cérebro pesa, no nascimento, 350g a 400g e geralmente amadurece até pesar 1,5kg num adulto médio. Tem aproximadamente o tamanho de dois punhos fechados e já foi descrito como tendo a consistência de um queijo cottage bem firme e a textura do tofu macio. Ele consiste basicamente de cerca de 78% de água, 9% de gordura e 8% de proteínas. Em termos do seu tamanho, responde por apenas 2% da massa corporal, mas usa de 20% a 30% da energia do corpo. Quanto mais ativo é o cérebro, mais energia irá consumir (estaria aí o potencial para uma nova dieta? – ative seus neurônios e ganhe um corpo mais elegante!) Seguramente posicionados dentro do crânio ossudo, os tecidos delicados do cérebro contam com um abrigo protetor.

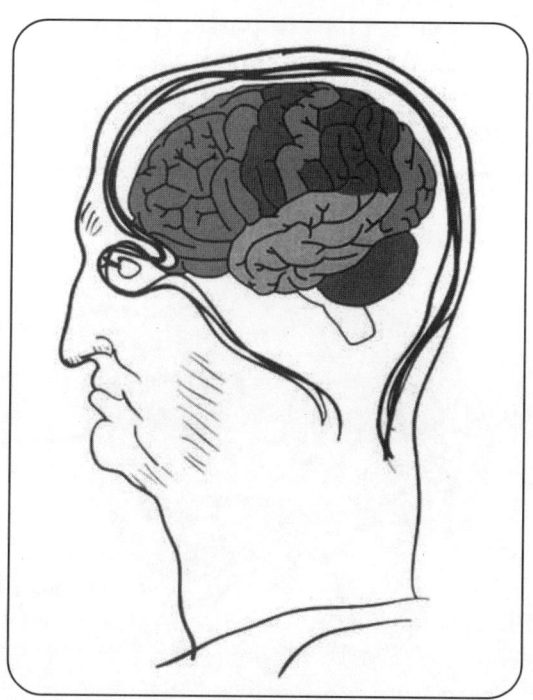

Figura 2.1 O cérebro
(Baseado num estudo anatômico de Leonardo da Vinci)

Vamos repassar as partes mais importantes do cérebro, começando com o cerebrum (ou telencéfalo). Esse termo vem da palavra em latim para cérebro e é a parte que a maioria de nós pensa quando falamos sobre o cérebro – é onde todo o nosso pensamento, a memória, a linguagem, a fala e os movimentos são coordenados. Também chamado de "massa cinzenta", ele é a parte maior e mais desenvolvida do cérebro e, de uma perspectiva evolucionária, sua parte mais recente. O telencéfalo é dividido em hemisférios simétricos direito e esquerdo, conectados em sua base pelo corpo caloso, que oferece um caminho para os dois hemisférios se comunicarem. O hemisfério esquerdo controla as funções do lado direito do corpo, e o hemisfério direito controla as atividades do lado esquerdo do corpo.

Há diferenças funcionais entre os hemisférios esquerdo e direito do cérebro, que os cientistas chamam de "lateralização relativa". (Isso não significa que há pessoas com cérebro destro e pessoas com cérebro canhoto.) A superfície que cobre o telencéfalo é chamada de córtex cerebral. Com seus 10 bilhões de neurônios, o córtex é tão altamente enrugado que se você pudesse tirá-lo de sua cabeça e o desenrugasse, ele cobriria uma área de 0,23m^2.

Há quatro áreas ou regiões importantes no telencéfalo, chamadas lobo (Figura 2.2). Apesar de haver alguma interseção entre as funções dos lobos, apresentamos a seguir as maiores responsabilidades de cada uma dessas partes:

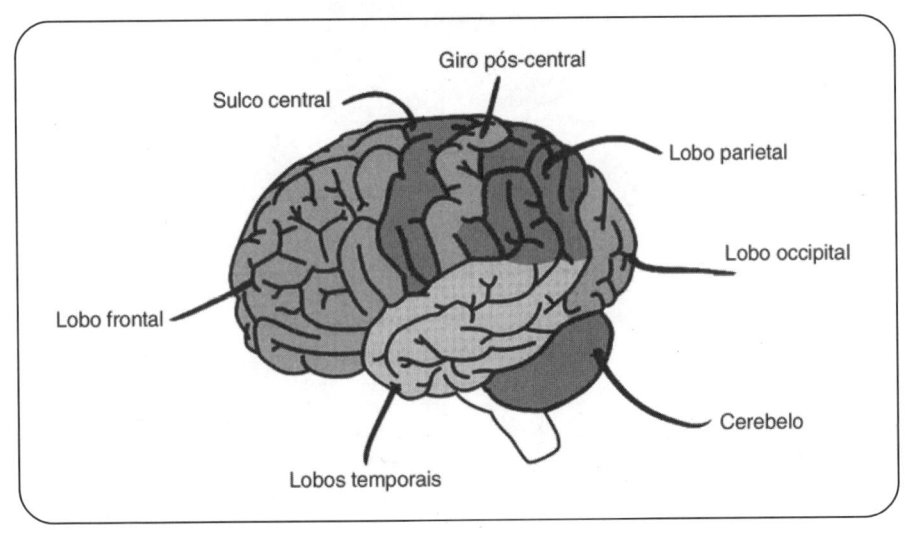

Figura 2.2 Os quatro lobos do cérebro humano
(frontal, parietal, temporal e occipital)

- O ***lobo frontal***, termo que vem do latim e significa a testa, é responsável pela atividade cognitiva consequente, como fala, criatividade, planejamento, solução de problemas, julgamento e movimento voluntário. Aspectos da sua personalidade e do seu AI são considerados como sendo governados pelos processos do lobo frontal.
- O ***lobo parietal*** está localizado no topo da região posterior da cabeça e processa funções sensoriais complexas, como tato, pressão e percepção de formas e tamanhos dos objetos.
- Os ***lobos temporais*** (direito e esquerdo) estão localizados na área acima das orelhas. Os temporais (da palavra latina para "templos") especializaram-se na memória auditiva, visual e verbal, além do olfato, sentido e linguagem.
- O ***lobo occipital*** está localizado na parte central posterior da cabeça e é predominantemente responsável pela recepção visual, formas e cores.

Especialização dos lados direito e esquerdo do cérebro

Somos humanos de cérebro inteiro. Embora seja verdade que cada um dos hemisférios se especialize em certas áreas, essas lateralizações são consideradas apenas tendências funcionais. A percepção musical é creditada como uma especialização do lado direito, mas músicos usam seu hemisfério esquerdo para pensar logicamente as tonalidades. Da mesma forma, se um ferimento ocorre em um hemisfério, não é incomum que o outro "aprenda" suas funções.

Há alguma evidência que sugere que ser destro ou canhoto pode desempenhar um papel importante na localização de funções específicas do cérebro. Alguns estudos indicam que, em pessoas destras, o lado direito do cérebro processa a informação espacial e o lado esquerdo, a linguagem; em canhotos, acontece o contrário.

No entanto, outros estudos mostraram que, embora 95% dos destros analisados processem a linguagem no hemisfério esquerdo, apenas 18% dos canhotos analisados processavam a linguagem no hemisfério direito. Além disso, esses estudos revelaram que a função da linguagem era bilateral em quase 20% dos canhotos analisados.

Vamos considerar que as tendências funcionais sejam as seguintes para os hemisférios direito e esquerdo:

Especialização de Lado Direito	*Especialização de Lado Esquerdo*
Sequenciamento (listas)	Espacial (mapas, quebra-cabeças)
Lógica	Imaginação
Tempo	Consciência artística
Análise	Percepção de profundidade
Habilidades numéricas	Atividades musicais
Raciocínio	Reconhecimento de fisionomias
Fala	Sonhos
Leitura	Formas em 3D
Escrita	Percepção emocional
Contas e matemática	Senso de humor
Reconhecimento de símbolos	Inspiração
Processamento de estímulos externos	Processamento de mensagens internas

As conclusões de um estudo recente, dirigido pelo Dr. Kazuhiro Shigemoto, do Instituto Metropolitano de Gerontologia de Tóquio (2008), podem levar a uma melhor compreensão dessas diferenças assimétricas. Sua equipe identificou variações estruturais (tamanho, formato e tipo de receptores moleculares) nas sinapses dos hipocampos esquerdo e direito (sedes da memória e do aprendizado). As sinapses do hipocampo direito eram maiores e mais complexas na forma, com uma abundância de um tipo de receptores de glutamato, enquanto as sinapses do hipocampo esquerdo eram pequenas e abundantes em outro tipo de receptor.

De acordo com o Dr. Shigemoto, "esta descoberta pode nos ajudar a entender como nossos cérebros esquerdo e direito trabalham de formas diferentes".

O **diencéfalo** fica na linha mediana do cérebro, abaixo do telencéfalo e acima do tronco cerebral. Ele inclui o tálamo, o hipotálamo, o epitálamo, o subtálamo, a glândula pituitária e muitas outras estruturas pequenas, porém significativas. O tálamo, como uma estação repetidora, coordena toda a informação sensorial que vem de fora (exceto pelo olfato), enquanto o hipotálamo controla as funções corporais internas, incluindo o sono. As estruturas do diencéfalo trabalham em cooperação com outras áreas do sistema nervoso central, do sistema endócrino (hormônios, crescimento, metabolismo e desenvolvimento) e do sistema límbico (memória, emoção, comportamento e olfato).

Também localizada no diencéfalo está a medula, que controla funções como os espirros, soluços, vômito e tosse. Você pode agradecer ao diencéfalo por regular seu apetite sexual, sua fome, sede, dor, prazer, stress, pressão sanguínea e temperatura corporal.

O **tronco cerebral** está localizado na porção inferior do cérebro, conectando o cérebro com a espinha dorsal. O tronco cerebral desempenha o papel essencial de suporte de vida ao regular as atividades autônomas, como respiração, batimentos cardíacos, pressão sanguínea, consciência, digestão, atenção básica e excitação.

De modo semelhante ao telencéfalo, o **cerebelo** é formado por dois hemisférios, mas possui menos da metade do tamanho do telencéfalo. Ele fica localizado na parte de trás do seu cérebro, logo abaixo do lobo occipital, e está ligado ao tronco cerebral. Também é conhecido como "pequeno cérebro", por uma boa razão: tem apenas 10% do volume do cérebro, mas ainda assim contém cerca de 50% dos neurônios.

Já se disse que ele funciona mais ou menos como um computador e considera-se que seja a parte mais complexa do cérebro. Entre suas muitas funções, está a regulação do equilíbrio, postura e tônus muscular, coordenando a sequência e a duração de todos os movimentos. Estudos recentes defendem a contribuição do cerebelo para muitos de nossos processos cognitivos de aprendizado e emoções e até mesmo sugerem uma ligação mente-corpo.

Até agora, dois grandes tipos de **células cerebrais** foram descobertos. Incluem os neurônios (células de ação) e as células de glia (células protetoras). De todos os 100 bilhões de células, há aproximadamente 10 vezes mais células protetoras do que neurônios.

Cada neurônio expressa sua própria identidade e função única ao transmitir sinais eletroquímicos, realizando sua missão crucial de receber e transmitir informações vitais para outros neurônios. Isso se traduz na possibilidade de um quatrilhão de conexões no cérebro de cada pessoa!

Os dendritos (receptores de sinais) aceitam um sinal e então o passam ao longo do comprido axônio, onde ele viaja através do terminal do axônio (emissor de sinais). Aqui, o terminal do axônio envia o sinal através de um espaço chamado *intervalo sináptico* para um dendrito adjacente, por meio de substâncias químicas chamadas *neurotransmissores* (Figuras 2.3 e 2.4).

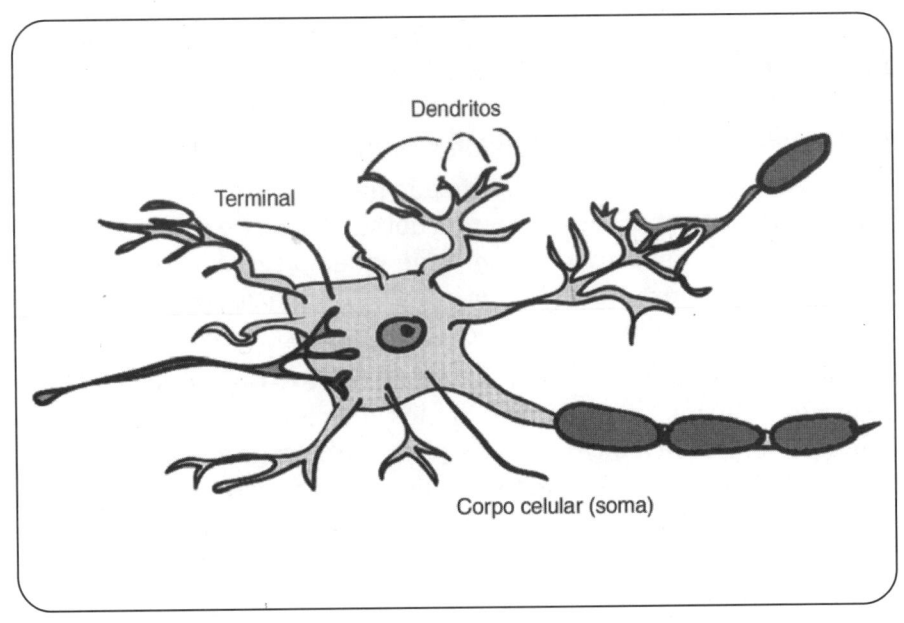

Figura 2.3 Dendrito e axônio (neurônios/células cerebrais)

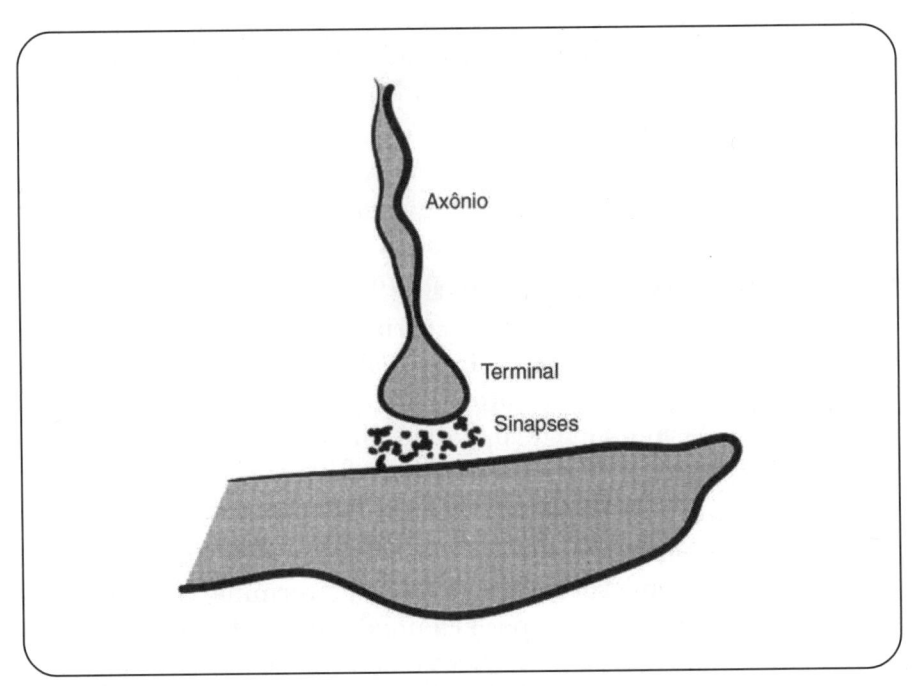

Figura 2.4 Intervalo sináptico e neurotransmissores

O **hipocampo** está localizado abaixo do telencéfalo e acima do tronco cerebral e consiste de dois hipocampos, um de cada lado do cérebro. Pertence ao sistema límbico, e sua forma curva dá a ele aparência de um cavalo-marinho (hipocampo vem da palavra grega para cavalo marinho).

O hipocampo tem um papel fundamental na memória – ajudando na consolidação do aprendizado e convertendo os estímulos em memória de curto prazo e reserva de longo prazo. Em indivíduos com o mal de Alzheimer, o hipocampo é uma das primeiras regiões do cérebro a sofrer danos de memória e desorientação.

Considerada como parte do sistema límbico e colada ao hipocampo, a **amígdala** é uma estrutura pequena em formato de amêndoa associada com nossas emoções. De fato, o principal papel da amígdala é formar e armazenar memórias associadas com emoções. A amígdala não apenas está ligada ao hipocampo (envolvido com o aprendizado e a consolidação da memória) mas interage ativamente com ele. Acredita-se que a amígdala coopera de forma a ligar um componente emocional à memória armazenada.

Não se acredita que a memória seja realmente guardada na amígdala, mas sim que a emoção é ativada quando a memória (armazenada em outra parte) é recuperada. O fato de que a amígdala está envolvida tanto no sentido do olfato quanto na memória emocional pode explicar por que um odor familiar de uma experiência passada pode ativar uma reação emocional tão poderosa. Entre outras funções, a amígdala também está envolvida com o processamento dos feromônios e o condicionamento do apetite.

Portanto, como vimos neste capítulo, o cérebro é um órgão muito complexo, multifacetado e elaboradamente interconectado. De posse desse conhecimento, você pode entender melhor e apreciar o trabalho dessa maravilha incrível!

A informação apresentada neste capítulo, apesar de parecer detalhada em alguns momentos, representa apenas as características básicas do "disco rígido" do nosso corpo. Isso servirá como fundamento para nossas explorações, nos capítulos seguintes, da atenção, memória e aprendizado.

Os Quatro Cs da Criatividade de Disney

OBJETIVO
- Explorar quatro dimensões distintas da criatividade e como elas podem ser aplicadas pessoal e profissionalmente.

Materiais:
Nenhum.

Tempo:
10 a 15 minutos.

Instruções

Os hemisférios direito e esquerdo do cérebro são especializados, projetados para processar informação de formas diferentes. A criatividade geralmente é considerada uma especialidade do hemisfério direito, mas de fato o processo da criatividade é tão complexo que ambos os hemisférios estão envolvidos nele.

Walt Disney, um dos maiores gigantes criativos de todos os tempos, sugeriu que havia quatro elementos (ou quatro Cs) na criatividade:

1. Curiosidade.
2. Coragem.
3. Confiança.
4. Constância.

Peça ao grupo para formar equipes de dois ou três membros e discutir situações que tenham surgido em suas respectivas atividades, nas quais um ou mais desses traços tenham ajudado ou atrapalhado seus esforços de inovação, ou os dos outros. Faça com que os participantes descrevam uma situação na qual tenham usado efetivamente um desses traços em seu benefício.

Questões para Discussão

1. Você já trabalhou em uma organização na qual a criatividade parecia ser bloqueada? Como se sentia a respeito disso?
2. Enquanto você relembra essas experiências agora, por que acha que seus superiores agiram dessa maneira?
3. Ao discutir suas experiências, você pode relembrar uma situação na qual recebeu "sinal verde" total para expressar sua criatividade? Quais foram os resultados?

Tudo em Família

OBJETIVO
- Usar ambos os hemisférios cerebrais para resolver um problema.

Materiais:
Cópias do material *Tudo em Família* (a seguir).

Tempo:
10 a 15 minutos.

Instruções

Distribua as cópias do material *Tudo em Família* para os membros do grupo (ou apresente-o num PowerPoint). Sugira que geralmente enfrentamos um problema com aparentemente informação insuficiente para tomarmos uma decisão. Nesta atividade, leia os fatos descritos e, baseados neles, use a intuição e o raciocínio sólido (abordagens de pensamento indutivo e dedutivo) para identificar quais desses membros de famílias estendidas são parentes e diga onde eles vivem.

Variação

Se o tempo for limitado, faça o grupo formar equipes de três ou quatro integrantes para acelerar o processo.

Questões para Discussão

1. Alguns de vocês simplesmente desistiram, assumindo que o problema era insolúvel?
2. Como vocês desenvolveram uma estratégia para abordar o problema?
3. Atualmente você está enfrentando alguma questão na qual não tem segurança de ter informação suficiente? Como pode agir?

MATERIAL

Tudo em Família

Beth, Shannon, Cathie, Karen, Mary e Mike são amigos e membros de duas famílias diferentes. Dois vivem na região de Phoenix, dois, na região de Toronto, e os demais moram nas regiões de Detroit e Seattle.

Sua tarefa é descobrir quem mora onde e quais as relações de parentesco entre os seis. Apesar de você receber informação limitada, usando a lógica e um processo de eliminação, você poderá descobrir as respostas.

Divirta-se!

Fatos relevantes

1. Karen mora na parte oeste dos EUA e nunca foi ao Canadá.

2. Mary e sua irmã, Cathie, tomam café juntas quase todos os dias.

3. Shannon e sua única irmã, Beth, moram no mesmo país.

4. Cathie mora na área de Phoenix.

5. Mike tem três irmãs.

MATERIAL

Baseado nessas informações, preencha as lacunas:

Beth mora em… _____

Shannon reside em... _____

Cathie mora em... _____

Karen vive em... _____

A casa de Mary fica em... _____

Mike mora em... _____

Quais são os membros das duas famílias?

_____   _____

_____   _____

_____   _____

MATERIAL

Tudo em Família – Respostas

1. Já que Karen nunca foi ao Canadá, isso elimina aquele lugar. E mais, morar no oeste elimina Detroit. A quarta pista nos diz que Cathie e Mary estão em Phoenix – o que deixa apenas Seattle como opção para Karen.

2. Mary e Cathie devem morar na mesma região, isto é, Toronto ou Phoenix – com isso, eliminamos Detroit e Seattle.

3. Já que sabemos que Mary, Karen e Cathie são dos EUA, Shannon e Beth devem ser do Canadá.

4. Já que Cathie é de Phoenix, não pode ser de nenhuma outra cidade.

5. Como Shannon tem apenas uma irmã, ela e Beth não podem ser irmãs de Mike, logo, isso faz com que Mary, Karen e Cathie formem uma família e Beth e Shannon formem a outra.

Portanto, baseado nessas informações:

- Beth e Shannon vivem em Toronto.
- Cathie e Mary vivem em Phoenix.
- Karen mora em Seattle.
- Mike reside em Detroit.

Os membros das famílias são:

- Beth e Shannon.
- Mike, Mary, Karen e Cathie.

Vamos Passear?

OBJETIVOS
- Demonstrar o papel das emoções na comunicação.
- Demonstrar como o cérebro se adapta à mudança nas situações.

Materiais:
Quarto cadeiras na frente da sala.

Tempo:
8 a 10 minutos.

Instruções

Este é um cenário divertido para interpretação. Peça que quatro voluntários venham para a frente da sala. Peça que um dos quatro se sente, para ser o motorista do ônibus. Os demais serão passageiros que "subirão no ônibus", um de cada vez, durante a viagem. Quando o primeiro passageiro se sentar (subir no ônibus e ocupar seu lugar), alguém da plateia deve nomear uma emoção – raiva, alegria etc. Pelos próximos dois minutos, o motorista e o passageiro devem interpretar essa emoção em sua comunicação e ações. Então, o ônibus para, permitindo que o segundo passageiro suba a bordo, enquanto outro membro da plateia nomeia uma outra emoção – amor, tristeza etc. Todos os três (o motorista e os dois passageiros) devem interpretar esse papel. Por fim, o terceiro passageiro é "apanhado" e uma terceira emoção é nomeada. Agora todos os quatro voluntários devem interpretá-la.

Questões para Discussão

1. Como vocês (voluntários) se sentiram ao interpretar esses papéis?
2. Vocês realmente entraram no papel, ou foi algo difícil?
3. (para o grupo) Vocês já viram casos em que os colegas de trabalho jogaram "jogos" como esse, ou seja, juntaram-se ao "carrossel" de emoções alheias?
4. O que você aprendeu sobre como lidar com essas situações?

Escolha uma Letra

OBJETIVOS
- Praticar habilidades de improvisação e de espontaneidade.
- Demonstrar como funcionar sob pressão pode ser divertido.

Materiais:
Nenhum.

Tempo:
5 a 10 minutos.

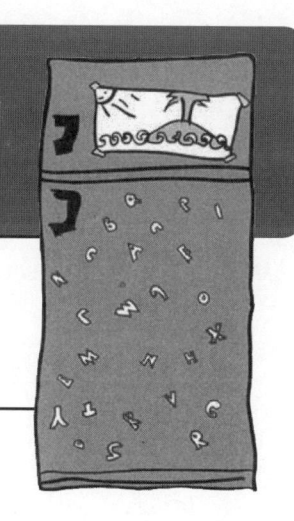

Instruções

Divida o grupo em equipes de seis ou sete membros. Explique ao grupo que usamos nossos talentos de improvisação todos os dias, criando respostas no momento. Improvisamos palavras em conversas e improvisamos soluções para os problemas. Improvisação e espontaneidade são um aspecto fundamental da humanidade.

Este exercício é uma maneira divertida tanto de praticar suas habilidades de improvisação quanto de encorajar o crescimento de novos neurônios – o cérebro forma novos caminhos quando experiências novas e desafiadoras são introduzidas.

Primeiro, explique que a pessoa que começa o jogo dirá o nome de um animal. A pessoa a seguir silenciosamente identifica a última letra do nome do animal (p. ex. Se fosse *Cavalo*, a última letra seria O) e então rapidamente diz o nome de um animal começando com aquela letra (no caso, a letra O, como *Orangotango*). A próxima pessoa diz o nome de outro animal iniciado por aquela nova letra (no caso, O novamente). O grupo continua até que se acabem os animais ou a inspiração – o que vier primeiro!

Questões para Discussão

1. Mesmo sendo uma atividade divertida, você se sentiu pressionado?
2. Diante desse tipo de pressão, você se viu ouvindo com mais atenção?
3. Por que será que as pessoas não ouvem dessa forma o tempo todo?
4. Como é a sua escuta típica em situações de stress?

Uma Palavra de Cada Vez

OBJETIVOS
- Praticar as habilidades de improvisação.
- Demonstrar como funcionar sob pressão pode ser divertido.

Materiais:
Nenhum.

Tempo:
5 a 10 minutos.

Instruções

Peça que sete ou oito voluntários se juntem a você na frente da sala. A plateia faz uma pergunta qualquer, como "qual o sentido da vida?" O primeiro voluntário começa a responder com a primeira e apenas a primeira palavra da resposta. Por exemplo: ele pode dizer "O" e então parar. A segunda pessoa deve rapidamente continuar com outra palavra, como "sentido". Nossos cérebros formam novos caminhos quando experiências novas e desafiadoras são apresentadas, por isso, colocar os voluntários sob pressão para continuar a frase é um grande exercício. Continue em sequência até que a pergunta esteja respondida. Após 2 ou 3 minutos, peça outro grupo de voluntários e outra pergunta. Se quiser, suas perguntas podem ser relacionadas ao trabalho, ou não!

Questões para Discussão

1. Vocês (os voluntários) perceberam suas habilidades de escuta sendo aprimoradas?
2. Vocês se concentraram realmente nas palavras anteriores?
3. (para todo o grupo) Vocês já viram situações nas quais as pessoas não ouviam de verdade, mas em vez disso seguiam o movimento?
4. O que você aprendeu sob lidar com essas situações?

Senta-levanta

OBJETIVOS
- Compreender a dinâmica dos grupos.
- Energizar-se.

Materiais:
Nenhum.

Tempo:
10 minutos.

Instruções

Você fará uma série de perguntas relevantes para o assunto em questão, tal como "Quantos de vocês estão nesse emprego há menos de seis meses?" Peça que se levantem se a resposta for "sim". Os outros devem permanecer sentados.

Depois, faça uma pergunta em sequência, tal como "Quantos de vocês têm um mentor no trabalho?" Novamente, se os que estão de pé podem responder que "sim", devem ficar de pé. Caso contrário, devem sentar-se. Se os sentados podem responder que sim, devem se levantar. Continue assim por 4 ou 5 minutos.

Outras perguntas sugeridas:

- Quantos de vocês já foram à Disney?
- Quantos de vocês têm adolescentes em casa?
- Quantos de vocês desejariam não ter adolescentes em casa?
- Quantos de vocês têm mais responsabilidades de trabalho agora do que no ano passado?
- Quantos de vocês estão no Facebook?

Encoraje o grupo a formular e gritar perguntas próprias também.

3

Mitos Sobre o Cérebro: Separando Fato e Ficção

O cérebro: um aparato com o qual pensamos que pensamos.
Ambrose Bierce

Destaques do Capítulo

Este capítulo traz um panorama de cinco dos mais duradouros mitos sobre o cérebro e suas funções.

À medida que envelhecemos, adquirimos conhecimento, transformamos nossas atitudes e até mesmo sintonizamos finamente nossos *insights*. Mas, ao longo do caminho, também podemos involuntariamente adquirir informações incorretas. Quando se trata do cérebro, metodologias e equipamentos de pesquisa ultrapassados foram substituídos por métodos de mapeamento e tecnologias de ponta, inovadoras e não invasivas. Os resultados dos estudos investigativos em campos como o da neurociência, farmacologia, inteligência artificial e psicologia estão dando à comunidade científica, à arena educacional e ao público em geral uma riqueza de novos conhecimentos – e derrubando mitos difundidos sobre o cérebro que têm se mantido por décadas. Aqui estão alguns dos mais famosos mitos sobre o cérebro.

Usamos apenas 10% de nosso cérebro

O mito dos 10% do cérebro vem sendo difundido por mais ou menos um século. Versões desse mito têm circulado, sido alteradas, expandidas e propagadas até o ponto em que sua origem se tornou indeterminada. Muitos dos que espalharam esse mito não o fizeram numa tentativa deliberada de enganar; em vez disso, o fizeram pela crença (ou talvez esperança) de que nós, humanos, tivéssemos muito mais habilidades ou capacidades esperando para serem ativadas.

Vejamos um cenário que ilustra como usamos mais do que 10% de nosso cérebro: você decide parar na livraria do bairro, onde eles costumam servir seu café favorito. Seu objetivo é dar uma olhada no mais novo livro sobre jogos para o cérebro (não resistimos!) e pedir um *latte*. Uma tarefa simples, você diz, mas vamos olhar mais de perto. Movimento e coordenação são necessários para entrar na loja. O movimento é obtido graças ao seu *córtex motor* na parte posterior do seus lobos frontais, o que permite que você mova conscientemente seus músculos, e a coordenação, uma habilidade garantida pelo seu *cerebelo*, a segunda maior parte do seu cérebro, que controla o equilíbrio e a postura. Você caminha até o fundo da loja, e seus olhos vasculham o local, esperando não encontrar uma longa fila. Reconhecer e entender informações visuais depende do processamento de seus *lobos occipitais*, situados na parte posterior do seu cérebro. Seus sentidos olfativos são alertados pelo rico aroma do café quando ele penetra em suas narinas. O cheiro viaja de sua cavidade nasal até os *bulbos olfativos*, no *sistema límbico* do seu cérebro. O funcionário o reconhece e pergunta se você deseja o de sempre. Seus *lobos temporais* processam o som da voz dele. Também localizada em seus *lobos temporais* está a *Área de Wernicke*, responsável pela compreensão da linguagem. Graças à *Área de Broca* em seu córtex motor, envolvida na produção da fala, você é capaz de responder com um gentil "sim, obrigado". Quando você pega sua xícara de café, os receptores sensoriais na sua pele viajam até o *córtex sensorial* no seu *lobo parietal* e você sente o calor da xícara em suas mãos.

Agora, se você lembrar que essa explicação elaborada tinha o propósito de demonstrar que usamos bem mais do que 10% de nosso cérebro, você estará usando o seu hipocampo, responsável por transformar memória de curto prazo em longo prazo, assim como o seu *córtex frontal*, responsável por recuperar essas memórias.

E se você tivesse tropeçado e caído no caminho até a livraria, fraturado seu crânio e sofrido um dano cerebral? Você consegue imaginar o médico animadamente lhe dizendo que tem boas e más notícias – as más que você sofreu dano em 90% de seu cérebro e as boas, que foram nos 90% que você nunca usa? Claro que não. O fato é que você usa virtualmente todas as partes do seu cérebro, todos os dias. A verdadeira pergunta a se fazer é: "Qual porcentagem do seu *potencial* está usando?"

Algumas pessoas são do lado direito do cérebro, outras, do lado esquerdo

Quando foi a última vez que alguém lhe perguntou: "Você é do lado esquerdo do cérebro (lógico, linear, dedutivo e matemático) ou do lado direito (criativo, artístico, visual e imaginativo)?" O mito do lado direito/lado esquerdo provavelmente se tornou popular no século XIX, quando foi descoberto que dano a um lado do cérebro geralmente causava a perda de habilidades específicas. O mito foi reforçado pelo trabalho de Roger Wolcott Sperry, premiado com o Prêmio Nobel dos anos 1960, que versava sobre pacientes com "cérebros divididos".

Num esforço para diminuir a severidade da epilepsia incurável de seus pacientes, o Dr. Sperry cortou o corpo caloso de seus pacientes, reduzindo assim a severidade e a violência de seus ataques epilépticos. O corpo caloso (com mais de dois milhões de conexões nervosas) liga as duas metades e oferece um meio de comunicação entre eles. Os resultados de se cortar o corpo caloso e o caminho neuronal relacionado a ele fez, de fato, com que se diminuíssem os ataques em muitos pacientes, mas também criou uma condição fascinante: os dois hemisférios separados e funcionando individualmente – como dois cérebros num mesmo corpo. Depois que a conexão entre os dois hemisférios foi cortada, qualquer nova informação, experiências adquiridas ou aprendizagens efetuadas pelo hemisfério esquerdo eram completamente desconhecidas do hemisfério direito, e o que o hemisfério direito aprendia era completamente desconhecido pelo esquerdo. Sem os dois hemisférios trabalhando em uníssono, era como se os indivíduos funcionassem com duas mentes separadas – causando, por vezes, um efeito "médico e monstro". A pesquisa com cérebros divididos prossegue até hoje, contribuindo com valiosas informações sobre os hemisférios e sua especialização e integração. Um jogo informativo, divertido e interativo sobre a pesquisa com cérebros divididos pode ser encontrado no endereço eletrônico http://nobelprize.org/educational_games/medicine/split-brain/splitbrainexp.html.

Felizmente, a maioria de nós jamais experimentou uma hemisferectomia – nossos corpos calosos estão intactos, e nossos dois hemisférios permanecem unidos, continuamente se comunicando e cooperando como um todo indivisível.

Multitarefa poupa tempo

Em nosso mundo apressado, estressado, de "devia ter feito isso ontem!", tentamos aproveitar ao máximo o tempo que temos, por isso, parece ser uma boa ideia trabalhar em multitarefa. Multitarefa é a habilidade de centrar a atenção e realizar duas ou mais tarefas simultaneamente. Impossível, dizem os neurocientistas, conseguir, em tempo real, visualizar imagens do seu cérebro enquanto você realiza tarefas específicas. Baseado em estudos recentes, parece que não temos escolha a não ser realizar a próxima tarefa cognitiva somente após a anterior estar concluída. O cérebro processa a informação sequencialmente, uma tarefa de cada vez; portanto, quando tentamos focalizar em mais de uma coisa, o cérebro é forçado a alternar de uma tarefa para outra. O processo de mudança pode levar apenas milissegundos, mas milissegundos podem ser cruciais, dependendo da situação envolvida (para usar um dos exemplos mais perigosos: dirigir e prestar atenção a uma conversa telefônica realmente estressante).

Provavelmente, um dia típico na sua vida soa mais ou menos assim: você está no escritório, trabalhando em seu relatório de despesas (tarefa 1), prestando atenção na chegada do seu gerente, que deve aparecer a qualquer momento da tarde, para buscar um outro relatório, que ainda precisa de alguns ajustes (tarefa 2), e você está monitorando sua janela de e-mails, aguardando a resposta de sua esposa sobre a mudança de planos para hoje à noite (tarefa 3). Cada vez que você muda sua atenção de qualquer uma das três tarefas para outra, não apenas perde tempo valioso, mas também o potencial para erros duplica. Então, além das numerosas tarefas existentes, vem a tarefa indesejada – a interrupção. O Dr. John Medina, em seu livro *Brain Rules*, diz que "estudos demonstram que uma pessoa que é interrompida demora 50% a mais de tempo para desempenhar a tarefa" e "comete 50% a mais de erros". Portanto, da próxima vez que for interrompido e disser que não é um problema, porque você trabalha em multitarefa, pense duas vezes (o que, com certeza, exigirá mudanças de foco adicionais).

O álcool mata os neurônios

Imagine a cena: você é um adolescente, que chegou em casa depois de um excitante evento social interpares (ok, ok, você saiu para beber com amigos!) com hálito de álcool. Seus pais sentam-se com você e dizem: "Olha, filho, você sabe que não deve beber; tome cuidado porque o álcool mata as células nervosas". A maioria de nós provavelmente se recorda desse infeliz aviso. Mas será que é verdade? Esse comportamento irresponsável poderia estar realmente causando um deliberado massacre neuronal? Será que pode ser grave o bastante a ponto de deixar alguém "sem" células nervosas? Com certeza, mesmo antigamente, as evidências demonstravam que possuímos trilhões de células nervosas, então você poderia se perguntar se, de fato, aquela história era verdadeira. Qual seria a relação entre a quantidade de álcool ingerida e o número de células destruídas? Quando eu era adolescente, chegamos a discutir esse assunto nas aulas de biologia. Quanto álcool você podia "entornar" e ainda manter suas faculdades mentais? Afinal, queríamos manter um número suficiente de células no cérebro para entrar na faculdade – pelo menos...

Como ficaríamos aliviados de saber que era apenas um mito! O álcool não mata as células cerebrais.

Mas não se anime ainda... a ingestão do álcool pode não matar as células nervosas, mas o seu excesso pode causar danos aos seus dendritos, prejudicando a rota de comunicação entre as células. Parece que o álcool pode destruir as extremidades das células nervosas, atrasando a comunicação intercelular e atrapalhando funções cerebrais vitais, como o crescimento de novas células. Suspeita-se que esse impedimento do crescimento celular pode causar deficiências de longo prazo no hipocampo (sede da memória de longo prazo) em consumidores moderados ou pesados de álcool. A reversão do dano às células é possível com a restrição ao consumo do álcool, mas esse reparo nem sempre é completo.

Ainda assim, há alguns médicos que não são totalmente contra o álcool, desde que seja consumido com moderação. Quando um profissional médico usa a palavra moderado em relação ao consumo de álcool, a quanto ele se refere? O Dr. Andrew Weil sugere que beber moderadamente, pelo menos para quem tem menos de 65 anos, significa não mais do que uma dose por dia para mulheres e não mais do que duas doses por dia para os homens. Um brinde a isso!

Você não cria novos neurônios

Até a década de 1980, acreditava-se que podíamos desenvolver novas células em todas as partes do corpo, menos no cérebro. Essencialmente, isso significava que nascíamos com um número limitado de neurônios para toda a vida – e pronto! Então, era dito que, se células do seu cérebro morressem (o que fazem regularmente) ou fossem danificadas ou destruídas devido a um dano cerebral, você simplesmente teria de seguir em frente, com escassez de neurônios pelo resto de sua vida.

Então veio a bem-vinda descoberta de que os humanos adultos são possuidores orgulhosos de um processo chamado neurogênese. A neurogênese (que significa "geração de neurônios") é responsável pelo crescimento de novos neurônios não apenas nos estágios pré-natais do desenvolvimento, mas também durante a vida adulta. Parece que as áreas mais proeminentes para a neurogênese estão no hipocampo, o centro da memória e do aprendizado.

Você gostaria de aumentar a neurogênese em seu cérebro? Faça mais exercícios e diminua o nível de estresse, e estará no caminho de celebrar o nascimento de novos neuroniozinhos.

Fato ou ficção?

Provavelmente você se surpreendeu com uma ou duas coisas entre os mitos e enganos. Mas não se culpe – quando ouvimos alguma coisa repetidamente, especialmente vindo de autoridades reconhecidas (como nossos pais!), naturalmente acreditamos.

Mas agora você já está mais bem informado! Siga em frente e espalhe a notícia!

Desafio Cerebral nº 2

OBJETIVOS
- Fazer algo apenas para se divertir.
- Praticar a criatividade e a solução criativa de problemas.

Materiais:
Uma cópia do material *Desafio Cerebral nº 2* (a seguir) para cada participante.

Tempo:
5 a 15 minutos.

Instruções

Dê a cada participante uma cópia do material. Explique que cada um dos 16 itens no desafio faz referência a uma frase, ditado ou *slogan* bem conhecido e que a tarefa é decifrar a mensagem escondida em cada item. Para se assegurar de que o grupo tenha entendido perfeitamente como o desafio funciona, dê a resposta para um dos itens. Dê aos participantes 2 ou 3 minutos para realizarem o desafio individualmente. Depois, sugira que eles se agrupem em duplas e veja quantos itens mais conseguem resolver juntos. Dê mais 2 ou 3 minutos. Depois, comece com o item 1, solicitando as respostas de cada grupo. Se a resposta estiver mais ou menos correta, simplesmente reescreva-a para torná-la correta.

Questões para Discussão

1. Quantos itens você conseguiu resolver sozinho?
2. Quantos itens vocês resolveram quando trabalharam em grupo?
3. Quando trabalharam com o colega, vocês descobriram respostas alternativas?
4. Vocês seriam capazes de criar alguns desses desafios? Tentem fazer um agora. É mais fácil criar ou resolver esses desafios?

MATERIAL

Desafio Cerebral nº 2

Decifre o significado oculto de cada item.
Cada um deles descreve um conhecido *slogan* ou ditado.

1.   M   N
      E   T
    L   A
	9. JTORIIOGO

2.   CHEGAR
     M
     U
     N
     D
     O
	P
	        A
	        C
	        Í
	        F
	10. ATLÂNTICO
	        C
	        O

3.   R
     I
     R
	11. PAREDE
	     A D
	     R E
	     E X R
	     D A
	     EDERAP

4. PRIVEMARÃOVERA	12. SAVITATCEPXE
	13. TUGATOBA
5. AMANHÃ O DIA	14. UMA ILUSÃO...NADA
	15. Á/GUAS

6. BASTA + H_2O	16. V
	        E
	        R
	     VERMELHA
	        E
	        L
	        H
	        A

7. CELOOQU	
8. A OUTRA UMA VEZ	

MATERIAL

Desafio Cerebral nº 2 – Respostas

1. Confusão mental

2. Chegar no topo do mundo

3. Rir de lado

4. Misturando as estações

5. O dia depois de amanhã

6. Basta adicionar água

7. Coloque em ordem alfabética

8. Uma vez após a outra

9. É preciso separar o joio do trigo

10. Cruzando oceanos

11. Entre quatro paredes

12. Reversão de expectativas

13. Tem gato na tuba

14. Nada além de uma ilusão

15. Divisor de águas

16. Cruz vermelha

Você não Pode Ensinar um Cachorro Velho...

OBJETIVO
- Derrubar o velho ditado "você não pode ensinar um cachorro velho a fazer novos truques".

Materiais:
Nenhum.

Tempo:
15 a 20 minutos.

Instruções

Explique aos participantes que até o final da década de 80 acreditava-se que não podíamos desenvolver novas células cerebrais. É claro que sabemos que isso é falso. A neurogênese (crescimento de novas células nervosas) é responsável pelo crescimento de novos neurônios por toda a vida, e a área mais importante desse crescimento é o hipocampo cerebral, centro da memória e do aprendizado.

Também ficamos cientes de que alguns aspectos das funções cerebrais de fato melhoram com a idade; ficamos mais maduros e sábios. Muitos indivíduos realizaram-se plenamente apenas nos estágios mais avançados da vida. Por exemplo: o Coronel Sanders fundou a Kentucky Fried Chicken quanto tinha 62 anos. Walt Disney, aos 52, após diversos fracassos, viu o sonho de sua Disneylândia se realizar. Nelson Mandela recebeu seu Prêmio Nobel aos 75 anos.

Peça aos participantes que escrevam individualmente alguns exemplos de pessoas que conhecem ou de que ouviram falar que demonstram que podemos continuar aprendendo e produzindo, desde que mantenhamos nossas mentes e corpos ativos.

Questões para Discussão

1. Você conhece pessoalmente alguém (pais, amigos, colegas ou outros) que claramente mostra que o ditado sobre o "cachorro velho" está errado?

2. Por que você acredita que essas pessoas seguem criando e aprendendo mesmo em idades avançadas? Que características e atitudes essas pessoas possuem?

3. Algum de vocês trabalha com pessoas mais velhas? Vocês acham que reconhecem e valorizam o potencial dessas pessoas?

QI *versus* QE

OBJETIVO
- Demonstrar que no ambiente de trabalho atual, a inteligência emocional é tão importante quanto a inteligência cognitiva.

Materiais:
Nenhum.

Tempo:
15 a 20 minutos.

Instruções

Todos reconhecemos que o conhecimento e as habilidades de alguém são imperativos para o sucesso na sociedade atual. No entanto, está se tornando cada vez mais reconhecido que o QE (Quociente Emocional) de alguém é igualmente, se não for mais, importante. Peça aos membros do grupo que pensem numa pessoa – colega, gerente, parente ou alguém diferente – que claramente demonstra grande competência no trabalho e conhecimento, mas parece carecer de "habilidade com pessoas", tão necessária atualmente.

Questões para Discussão

1. Quantos de vocês conhecem pessoalmente alguém que claramente merece nota 10 em habilidade intelectual e nota zero em habilidades emocionais?
2. Algum de vocês já teve superiores que se encaixassem nessa descrição?
3. Que dicas e técnicas vocês consideram úteis para lidar com esses casos?
4. Como alguém poderia falar a um gerente ou superior sobre sua deficiência nessa área?

Lado Direito, Lado Esquerdo?

OBJETIVOS
- Discutir as funções dos lados direito e esquerdo do cérebro (lateralização).
- Explorar se suas preferências são pelo lado direito ou esquerdo.

Materiais:
Cópias da tabela de lateralização de lado direito, lado esquerdo (a seguir).

Tempo:
15 a 20 minutos.

Instruções

Como mencionado anteriormente neste capítulo, somos criaturas de cérebro inteiro; não somos apenas o lado direito ou o lado esquerdo! Ambos os hemisférios trabalham juntos para processar e guardar informações. Cada hemisfério, no entanto, realmente se especializa em certas funções, e as pessoas tendem a ter suas preferências hemisféricas. Essas preferências influenciam não apenas nosso estilo de aprendizagem, mas também nossa personalidade e até mesmo nossos comportamentos. Nenhuma preferência hemisférica é superior à outra; alguns indivíduos não têm preferência alguma. Distribua cópias da tabela de lateralização de lado direito, lado esquerdo. Peça que os participantes discutam as seguintes questões em trios:

Questões para Discussão:

1. Quando vocês revisaram as especialidades do lado direito e do lado esquerdo, pensaram ou sentiram que tendem a ter uma preferência hemisférica em relação à outra?
2. Como você pensa ou sente que essa preferência se expressa na sua personalidade?
3. É muito óbvio para você quando um colega tem uma preferência hemisférica diferente da sua?
4. Em relacionamentos de trabalho, o que você aprendeu que pode ajudá-lo a melhorar a compreensão sobre os outros?

MATERIAL

Tabela de lateralização de lado direito, lado esquerdo

Especialização de lado esquerdo	*Especialização de lado direito*
Sequenciamento (listas)	Espacial (mapas, quebra-cabeças)
Lógica	Imaginação
Tempo	Consciência artística
Análise	Percepção de profundidade
Habilidades numéricas	Atividades musicais
Raciocínio	Reconhecimento facial
Fala	Sonho
Leitura	Formas em 3D
Escrita	Percepção emocional
Contas e matemática	Senso de humor
Reconhecimento de símbolos	*Insight*
Processamento de estímulos externos	Processamento de mensagens internas

E se?...

OBJETIVO
• Demonstrar o poder do cérebro de criar respostas inovadoras e imaginativas para perguntas incomuns.

Materiais:
Bolas de espuma ou outros objetos que podem ser lançados seguramente de pessoa para pessoa, papel, canetas.

Tempo:
10 a 15 minutos.

Instruções

Esta atividade apela para a imaginação e o pensamento "fora da caixa".

Encoraje perguntas inovadoras inesperadas ou mesmo tolas. Por exemplo: "E se todos nós vivêssemos até 200 anos de idade?", ou "E se a semana de trabalho média fosse de 20 horas?"

Dê a todos alguns instantes para que anotem algumas perguntas "e se?..." Lembre-se de que elas podem estar relacionadas a eventos reais ou serem completamente hipotéticas.

Peça que o grupo forme pequenos círculos (de 5 a 8 participantes cada) e que um voluntário de cada círculo inicie o exercício. Dê a cada voluntário uma bola de espuma (ou outro objeto a ser lançado); peça que eles façam a primeira pergunta e, em seguida, lancem rapidamente a bola para outro participante no círculo. O participante que apanhar a bola deve responder rapidamente à pergunta, emendando sua própria pergunta e, rapidamente, lançando a bola para um outro participante no círculo. Prossigam por 3 ou 4 perguntas ou em quanto houver tempo disponível.

Questões para Discussão

1. Como esta atividade poderia ser utilizada no seu escritório?
2. Você descobriu alguma solução incomum para as perguntas?
3. Esta atividade poderia ser aplicada a cenários reais?
4. Você já ouviu falar de alguma pergunta "e se?..." que poderia ser desenvolvida em alguns produtos usados em nossas residências ou em alguma outra invenção engenhosa?

Sociedade do Alce Morto

OBJETIVO
- Expressar abertamente e com segurança atitudes e opiniões sobre condições sensíveis ou estranhas no ambiente de trabalho.

Materiais:
Cópias do material da Sociedade do Alce Morto (a seguir).

Tempo:
15 a 30 minutos.

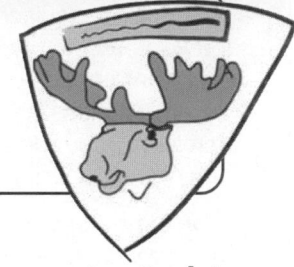

Instruções

Explique que em muitas empresas e organizações há questões, desafios e problemas dos quais todos têm consciência, mas as pessoas simplesmente não consideram "seguro" ou politicamente correto falar abertamente sobre eles. Esta atividade permite que os participantes discutam aberta e gentilmente essas situações com a compreensão de que aquilo que acontece durante a sessão de treinamento permanece na sessão de treinamento.

Forme equipes de 3 ou 4 participantes. Convide os participantes a serem o mais honestos e abertos em sua discussão quanto for permitido pelo seu nível de conforto. Avise-os que o propósito deste jogo não é acusar ou apontar culpados, mas, sim, uma oportunidade de discutir um problema ou desafio atual e explorar soluções potenciais. Distribua aos participantes cópias do material da Sociedade do Alce Morto e peça que eles discutam com seus colegas as perguntas de 1 a 6, encontradas no final do material.

Dica

Use esta atividade somente após os membros do grupo terem estabelecido um alto nível de confiança mútua.

Questões para Discussão

1. Peça as respostas dos grupos para todas as 6 perguntas do material.

MATERIAL

A Sociedade do Alce Morto

Esta é a história do alce morto. Diz a lenda que na maioria das organizações e associações já ocorreram avistamentos abertos – ou, mas frequentemente, secretos – dessa criatura problemática. Uma metáfora para alguma coisa que está obviamente errada ou contraproducente dentro da organização, um "alce morto", pode ser ofensivo, opressivo, aterrador ou mesmo ameaçador – e ainda assim todos evitam discutir abertamente aquela coisa grande e fedorenta.

O alce morto pode se esconder sob a mesa da cultura corporativa ou, por vezes, estar bem em cima dela. Ele pode envenenar a atmosfera das reuniões e bloquear o progresso das equipes. Sua presença pode ser desagradável, repugnante e até mesmo odiosa e sempre é contraproducente. Então, se é tão flagrante a existência daquele pesado alce morto, por que alguém simplesmente não grita: "Tem um alce morto aqui; não acho que temos de tropeçar nele todo dia, fingindo que ele não existe. Será que todos pensam que ele vai sumir se for ignorado?"

Vamos começar reconhecendo que pode muito bem haver um alce morto aqui nesta sala. Talvez não possam vê-lo, mas aposto que podem sentir sua presença. Talvez tenham visto um deles em seu próprio escritório – ou talvez ele esteja lá há tanto tempo que ninguém mais tem consciência de sua existência.

Vejamos algumas perguntas que nos ajudarão a descobrir se, de fato, existe um alce morto (ou dois!) em seu ambiente de trabalho. E, em caso negativo (sorte sua!), como lidamos com ele caso decida aparecer. É importante ser o mais aberto e honesto possível durante essa discussão.

1. Como se parece um alce morto? Como ele aparece em uma empresa?

2. Você já viu um deles na sua empresa ou escritório – talvez até mesmo em sua mesa?

3. Quais são alguns efeitos ou resultados danosos de ter essa criatura em sua empresa?

MATERIAL

4. Se ele existe, por que deixamos que continue a nos assombrar? Será medo de ser chamado de escandaloso? Será medo da condenação dos colegas?

5. Diga dois ou três casos nos quais você avistou o alce morto.

6. Diga dois ou três coisas que você e/ou seus colegas podem fazer para aliviar esta situação ou levantar tópicos que precisam ser discutidos aberta e gentilmente.

4

Sua Atenção, Por Favor! Movendo-se da Atenção para a Memória

Às vezes, eu me preocupo com minha atenção no curto prazo, mas não por muito tempo.

Herb Caen

Destaques do Capítulo

Este capitulo apresenta modelos/teorias sobre a atenção, com uma oportunidade de praticar sua atenção seletiva e focada. Também estão incluídas estratégias para ampliar suas habilidades de atenção. Uma dica: a bola está na sua quadra!

"*Atenção*", de acordo com o *Medical Dictionary Online*, "é focalizar em certos aspectos da experiência atual excluindo outros. É o ato de perceber, notar ou concentrar-se". A atenção é considerada o componente mais importante na formação de novas memórias, mas também é altamente influenciada pela memória passada. Nos últimos 50 anos, os estímulos ao cérebro aumentaram mais de 10.000 vezes por segundo. Por exemplo: se você tem 50 anos, seu cérebro está recebendo 10.000 mais informações do que quando você nasceu.

Não apenas somos bombardeados com informação adicional, mas também – à moderna tecnologia – somos inundados com interrupções (o que cria a necessidade de reconcentração) de chamadas telefônicas, e-mails, mensagens de texto e mensagens instantâneas.

O Dr. Torkel Klingbreg, do Instituto do Cérebro de Estocolmo, autor de *The overflowring brain: information overload and the limits of working memory*, defende em seu artigo *on-line*: "Research and tools to thrive in the cognitive age", escrito para o *sharpbrain.com*, que "uma pesquisa em ambiente de trabalho dos EUA descobriu que as pessoas eram interrompidas e distraídas aproximadamente a cada 3 minutos e que as pessoas trabalhando no computador tinham, na média, oito janelas abertas ao mesmo tempo".

Ele prossegue, fazendo quatro perguntas decisivas sobre essas demandas cognitivas que inundam nossos cérebros: "Como lidamos com o fluxo diário de informação que nossas capacidades mentais inundadas têm de enfrentar? Em que ponto nosso cérebro da idade da pedra se torna insuficiente? Seremos capazes de treinar nosso cérebro efetivamente para aumentar a capacidade cerebral de modo a acompanhar nossos inescapáveis estilos de vida?, ou estamos condenados aos déficits de atenção por causa da sobrecarga cerebral?"

Existem diversas teorias, e os pesquisadores persistem em suas buscas para entender melhor como processamos os estímulos externos e, consequentemente, formamos memória – e como os cérebros do futuro poderão lidar com as crescentes demandas cognitivas.

Modelos e teorias sobre atenção

De acordo com o Dr. Lawrence M. Ward, da Universidade de British –, Columbia, há geralmente pelo menos três aspectos da atenção: *orientar*, *filtrar* e *procurar*. O Dr. Ward afirma que *orientar* é a habilidade de ajustar nossos receptores sensoriais a um conjunto de estímulos enquanto ignora outros e, assim, selecionar alguns estímulos enquanto exclui os demais. *Filtrar* é retirar certas informações do estímulo previamente selecionado. *Procurar* ocorre quando estamos conscientes de em que estímulo desejamos nos concentrar, mas não temos consciência de onde encontrá-lo e, portanto, temos de procurar por ele.

O psicólogo Dr. Michael Posner, um respeitado pesquisador e professor de neurociência no campo da atenção na Universidade do Oregon, formulou suas hipóteses e desenvolveu um modelo sobre como o cérebro processa a informação visual. Seu modelo era baseado na utilização pelo cérebro de três sistemas separados de resposta aos estímulos: a *Rede de Excitação*, a *Rede de Orientação* e a *Rede Executiva*. Para explicar esses termos, considere a seguinte história:

Imagine a cena: você parou em um supermercado em sua volta do escritório para casa. Enquanto caminha para o corredor da comida congelada, percebe que não há nenhum produto de que precise então decide seguir para o próximo corredor. De acordo com o Dr. Posner, a sua rede de excitação está trabalhando. Ela compreende um nível geral de atenção no qual você observa ao seu redor, mantendo-se atento a qualquer coisa que fuja do normal.

Nesse momento, uma garotinha de 4 ou 5 anos vem correndo pelo corredor, gritando: "Socorro, socorro, ele vai me pegar!" Uma fração de segundos depois, um homem enorme surge atrás dela. Subitamente, você alterna para sua Rede de Orientação. Não está mais simplesmente caminhando pelo corredor, casualmente captando algum estímulo não específico. Você alterna e fica muito concentrado para onde sua atenção é direcionada. A garotinha está bem? Ela conhece aquele homem?

Antes que seu pensamento se forme totalmente, o homem suspende a garotinha em seus braços e diz de forma firme, mas gentil: "O papai já disse: nada de correr pelo mercado, querida." A garotinha ri e responde: "Eu não queria correr, papai – mas acho que meus pés começaram a se mover muito rápido." Agora você se moveu para sua Rede Executiva. Ela é o estágio "O que faço com essa informação?" Suas perguntas a respeito da segurança da garotinha foram respondidas e você continua as compras.

A base do modelo clínico apresentado pelo Dr. Mckay Moore Sohlberg, da Universidade do Oregon, e da Dra. Catherine Mater, da Universidade de Victória, centrou-se no processo de recuperação da atenção em pacientes que sofreram danos cerebrais depois de passarem por um estado de coma. Cada um dos cinco passos da atenção a seguir (foco, atenção sustentada, atenção seletiva, atenção alternada e atenção dividida) foi considerado crescentemente difícil à medida que seus pacientes se recuperavam de seus ferimentos.

- **Atenção focada:** Centrar-se em certos aspectos do estímulo (Visuais, auditivos, táteis, gustatórios) de uma experiência atual em detrimento de outros. Basicamente, isso é o que queremos dizer com a palavra *atenção* de maneira geral.

- **Atenção sustentada:** Quando a atenção ficada se torna estendida, a pessoa é capaz de manter uma resposta comportamental consistente durante atividades contínuas e repetitivas. Esse tipo de atenção agora envolve tanto a memória de curto prazo quanto alguma motivação. Podemos nos referir a esse tipo de atenção como concentração ou capacidade de atenção. Um exemplo de atividade que exige atenção sustentada seria fazer uma contagem decrescente de cem a zero, de três em três números.

- **Atenção seletiva:** Esse nível de atenção se refere à habilidade de manter o desempenho comportamental ou cognitivo em face de estímulos concorrentes ou de distração. Portanto, ela incorpora o conceito de ignorar um conjunto de características ou dados para decifrar outro (também conhecido como liberdade da distração).

- **Atenção alternada:** A capacidade para flexibilidade mental. Esse tipo de atenção permite que os indivíduos mudem seu foco de atenção entre tarefas que exigem diferentes características cognitivas. Um modelo chamado *atenção dividida* já foi considerado como aquilo que permite aos indivíduos responderem a tarefas simultaneamente (multitarefa). O mapeamento cerebral nos mostra que não existe nada parecido com multitarefa. Nosso cérebro simplesmente nos permite, em questão de milissegundos, mudar rapidamente de uma tarefa mental para outra, enquanto o cérebro alterna a ativação de diferentes áreas.

- **Atenção dividida:** Esse nível de atenção se refere à habilidade de responder simultaneamente a múltiplas tarefas ou múltiplas exigências. Pode envolver a atenção alternada de modo rápido de um estímulo para outro. (Já sabemos que o cérebro processa informação de forma sequencial, sendo incapaz de prestar atenção em dois estímulos diferentes ao mesmo tempo. É importante, no entanto, que o cérebro funcione com flexibilidade, permitindo que atue sequencialmente em um ritmo acelerado.)

Melhorando e aprimorando a atenção

Nossos cérebros estão constante e consistentemente sendo bombardeados com novos dados, informações e energia através de todos os tipos de estímulos sensoriais (visuais, olfativos, auditivos, sinestésicos, gustativos e até mesmo intuitivos). A cada segundo, milhões de unidades de informação inundam nossos sentidos e competem por nossa atenção. Como o cérebro decide em qual informação prestar atenção? As pesquisas indicam que aquilo que é importante para o seu cérebro em particular é determinado por experiências passadas, interesses, medos e desejos –, todos encontrados em suas redes preexistentes. Usamos nossas experiências, interesses e percepções anteriores para prever onde e por quanto tempo devemos colocar nosso foco.

A ideia central é que não prestamos atenção às coisas desinteressantes, entediantes ou inofensivas. A informação que captura nossa atenção está relacionada a informações que (a) já existem em nossas memórias; (b) estão relacionadas aos nossos interesses, o que significa que em certa medida imputamos valor a ela (bom ou mal, alto ou baixo); e (c) estão dentro do escopo de nossa percepção.

É uma questão de escolha – uma atitude que você deve adotar se realmente deseja se concentrar e se lembrar mais e melhor das coisas. Seu nível de motivação para estar alerta, permanecer concentrado e se concentrar está precisamente em suas mãos – ou melhor, em sua mente!

Portanto, por que não simplesmente prestamos mais atenção? As pesquisas indicam que, quando nos desviamos do alvo de nossa atenção, pode ser devido e uma desconexão mental. Um estudo conduzido pelo Dr. Daniel Weissman, da Universidade de Michigan, indica que quando a atenção se divide, a comunicação entre as regiões do cérebro relacionadas ao autocontrole, à visão e à linguagem diminui. De acordo com o Dr. Weissman, isso é o equivalente a uma desconexão.

Alguns estudos clínicos demonstraram que um envolvimento intenso com a TV e os videogames podem contribuir para alguns distúrbios de atenção ao sobrecarregarem o cérebro. Inteligentemente, algumas empresas de softwares de treinamento cerebral utilizaram a tecnologia usada produzida por essa febre de tv-videogames e canalizaram seu potencial para uma utilização mais positiva. Uma dessas empresas, a Unique Logic+Technology, criou um videogame de computador, chamado Play Attention, que se destina a ensinar e/ou recondicionar o cérebro a aumentar a atenção e a concentração –, sendo tanto desafiador quanto divertido. Inúmeras outras empresas também estão se lançando nessa indústria de milhões de dólares.

Se você ainda não está pronto para um software de treinamento cerebral, a tabela a seguir enumera algumas estratégias que lhe darão mais oportunidades de melhorar suas habilidades de atenção – sem efeitos especiais!

Estratégias para aumentar suas habilidades de atenção

- Olhar fixamente para a chama de uma vela.
- Encontrar uma mancha na parede e olhar fixamente para ela.
- Sentar-se em silêncio e concentrar-se em sua inspiração e expiração.
- Contar de cem até zero.
- Contar de cem até zero, de três em três números.
- Observar o ponteiro dos segundos de um relógio.
- Prestar atenção às sensações de alguma parte do seu corpo.
- Concentrar-se em uma visão, som, gosto ou odor em especial.
- Concentrar-se em seus pensamentos ou suas emoções.

Desafio Cerebral nº 3

OBJETIVOS
- Exercitar a criatividade ou a solução criativa de problemas.
- Passar o tempo.
- Fazer algo "só por diversão".

Materiais:
Cópias do material *Desafio Cerebral nº 3* (a seguir).

Tempo:
5 a 15 minutos.

Instruções

Dê a cada membro da plateia uma cópia do material. Explique que cada um dos 16 itens no desafio sugere uma frase, ditado ou *slogan* conhecido e que a tarefa deles é decifrar a mensagem oculta em cada item. Para iniciar o exercício e se assegurar de que o grupo entendeu claramente como o desafio funciona, revele a resposta de um dos itens. Deixe que os participantes gastem 2 ou 3 minutos tentando resolver o desafio individualmente. Depois, sugira que eles formem duplas e vejam quantos outros itens conseguem resolver em conjunto. Dê mais 2 ou 3 minutos. Em seguida, a partir do primeiro item, comece a pedir as respostas do grupo para cada um dos desafios. Se uma resposta estiver quase certa, simplesmente reescreva a resposta na forma correta.

Questões para Discussão

1. Quantos itens você foi capaz de resolver corretamente sozinho?
2. Quantos mais itens resolveu quando trabalhou em dupla?
3. Ao trabalhar com um colega, você descobriu respostas alternativas?
4. Você seria capaz de criar alguns desses desafios? Tente fazer isso agora mesmo. O que é mais difícil: resolver ou criar um desafio cerebral?

MATERIAL

Desafio Cerebral nº 3

1. OUTRO UM DIA = NADA
2. TÚNELUZ
3. ESTRPÉADA
4. AÇEBAC
5. DFEUÉS TÁPBÉUA
6. FERIADOOOOOOOO
7. TERVRA
      I
      A
      G
      E
      M
8. TARDE NUNCA
9. VERS. RES.
10.   G
    A   H
       L   O
11. | H | I | S | T | Ó | R | I | A |
12. CAM-I-NHO
13. CONTROLE
       T
       U
       D
       O
14. AMIGO AÇÃO AMIGO
15. ÁS DE ESPADAS / SETE DE COPAS / REI DE OUROS
16. DOIS PATINHOS NA LAGOA

MATERIAL

Desafio Cerebral nº 3 – Respostas

1. Nada é igual a um dia depois do outro

2. Luz no fim do túnel

3. Botar o pé na estrada

4. Cabeça virada

5. Fé em Deus e pé na tábua

6. Feriado prolongado

7. Viagem ao Centro da Terra

8. Antes tarde do que nunca

9. Versão Resumida

10. Quebrar o galho

11. História em quadrinhos

12. Meio do caminho

13. Tudo sob controle

14. Ação entre amigos

15. Cartas marcadas

16. O número 22

Deixe-me Sozinho

OBJETIVO
- Demonstrar que a produtividade pode aumentar de verdade em situações de escritório virtual.

Materiais:
Nenhum.

Tempo:
10 a 15 minutos.

Instruções

Como a maioria de vocês já sabe, trabalhar em casa é muito comum nos dias de hoje. De fato, muitas empresas mantêm toda a sua equipe de vendas trabalhando virtualmente. Embora exista quem sugira que um escritório virtual é apenas uma maneira de escapar do ambiente de trabalho e passar mais tempo em tarefas não relacionadas ao trabalho – e, por conseguinte, não realizar o trabalho necessário –, estudos sugerem que este não é o caso. Explique ao grupo que eles trabalharão em equipes de três ou quatro integrantes e discutirão as seguintes questões:

Questões para Discussão

1. Quantos de vocês trabalham virtualmente?
2. Qual foi a percepção de seus colegas de trabalho?
3. Você está percebendo que na verdade é mais produtivo agora?
4. Para os que são "virtuais", que dicas dariam aos seus colegas?
5. Para aqueles que desejam convencer o gerente a criar uma situação de trabalho virtual, quais seriam os argumentos contrários que ele usaria?
6. Para aqueles que trabalham no escritório ou em baias, quais são as interrupções e distrações mas comuns que enfrentam?
7. Alguma ideia de como essas interrupções podem ser trabalhadas?

O Jogo do Alfabeto

> **OBJETIVOS**
> - Dar aos participantes uma série de maneiras divertidas e rápidas de se envolverem.
> - Mostrar como as memórias podem ser recuperadas rapidamente.

Materiais:
Cópias da lista do *Jogo do Alfabeto* (a seguir), um cronômetro capaz de marcar 2 minutos.

Tempo:
15 a 20 minutos.

Instruções

Distribua as cópias da lista do *Jogo do Alfabeto*, ou exiba-a num *slide* de PowerPoint.

Forme equipes de três ou quatro participantes e peça que eles escolham um item da lista de atividades (mais itens podem ser escolhidos, se houver tempo) e desenvolvam uma história de dois minutos baseada numa memória associada ao assunto escolhido. Dê ao grupo cerca de um minuto para pensar em silêncio como vão relatar a história aos outros membros – em apenas dois minutos. Identifique o primeiro narrador de cada equipe e inicie a contagem no cronômetro. Anuncie a cada dois minutos que o próximo integrante deve começar sua narrativa – até que todos os integrantes das equipes tenham compartilhado suas histórias.

Questões para Discussão

1. Enquanto vocês usavam a lista, algumas palavras saltaram à sua mente, como memórias conjuradas do passado?
2. Vocês tiveram dificuldade em se relacionar com os assuntos? Foi fácil ou difícil recuperar aspectos dessas memórias?
3. Vocês se viram desejando mais tempo para compartilhar suas histórias (ou apenas para revivê-las)?
4. Vocês descobriram que queriam ouvir mais sobre a história de um colega do que os dois minutos permitidos?

MATERIAL

A Lista do Jogo do Alfabeto

- **A.** Aventura
- **B.** Balão de aniversário
- **C.** Colégio ou faculdade
- **D.** Drive-in
- **E.** Educador
- **F.** Família
- **G.** Guarda-chuva
- **H.** Hospital
- **I.** Irmãos
- **J.** Jogo
- **L.** Lembrança
- **M.** Ministro
- **N.** Natureza
- **O.** Outono
- **P.** Pedra preciosa
- **Q.** Quarto
- **R.** Recesso
- **S.** Saída
- **T.** Travessia
- **U.** Universidade
- **V.** Visionário
- **X.** Raios-X
- **Z.** Zoológico

A Pessoa Oficialmente de Pé

OBJETIVOS
- Provar como é essencial intercalar a aprendizagem com intervalos e atividades divertidas.
- Impedir a terrível distração da plateia.

Materiais:
Nenhum.

Tempo:
1 a 2 minutos.

Instruções

Avise o grupo que você precisa de ajuda com uma atividade divertida. Como discutido anteriormente neste capítulo, a capacidade de atenção média da maioria dos adultos não é meio-dia, 90 minutos ou mesmo 45 minutos; ao contrário, é algo tão breve quanto 3 ou 4 minutos. Explique que, embora existam intervalos na metade da manhã e/ou da tarde, e que vai fazer o máximo para manter as coisas interessantes, você sabe que a atenção pode se dispersar.

Com isso em mente, brinque com o grupo perguntando: "Quem de vocês tem a menor capacidade de atenção?" Na maioria dos casos, o grupo vai indicar uma pessoa. Isso geralmente gera uma gargalhada geral. Você pode pedir ajuda a esse "voluntário" (se ninguém se oferecer como voluntário, escolha alguém com um rosto sorridente na plateia).

A tarefa dessa pessoa pelo resto da manhã (ou do dia) será servir como "a pessoa que se levanta oficialmente" para a plateia. Diga ao voluntário que o seu trabalho como facilitador é moleza, já que você anda pela sala o tempo todo. No entanto, como plateia cativa, o trabalho dos ouvintes é bem maior.

Por isso, durante o curso da manhã (ou da tarde), sempre que a "pessoa que se levanta oficialmente" sentir que precisa de um intervalo, tudo o que ele, ou ela, precisa fazer é levantar-se e, com isso, você vai "se calar" – e vocês farão um rápido intervalo.

Dica

Isso deve ser usado em programas que durem meio período ou mais.

5

Onde Guardei Minhas Chaves? Ajude seu Cérebro a Capturar e Guardar Informações

A memória é o diário que todos nós carregamos conosco.
Oscar Wilde

Destaques do Capítulo

Este capítulo apresenta ao leitor o processo de formação e armazenamento da memória. Ele traz estratégias para manter sua memória afiada e dicas para ajudar o leitor/treinador/educador a promover uma melhor retenção de memória nos aprendizes.

Então, você se julga possuidor de uma memória infalível? Acha que pode lembrar com certeza absoluta de cada detalhe de um evento memorável? Não é bem assim, segundo os renomados cientistas que perscrutam os mistérios da memória humana e os diversos – na verdade muitos, e ainda desconhecidos – processos envolvidos. Parece que cada vez que você relembra uma memória existente junta novas informações com suas memórias passadas, permitindo assim que ocorra uma contaminação da memória – toda vez e a cada vez que você revive aquela experiência.

O processo da memória

Uma definição comum para a *memória* é a atividade de utilizar capacidades mentais para relembrar, recuperar e reproduzir informações que foram retidas ou preservadas com base em experiências e aprendizagens anteriores. No entanto, os maiores *processos de memória* envolvem muito mais do que apenas a habilidade de relembrar ou reter informações. O verdadeiro *processo da memória* também inclui a aquisição e a consolidação de trilhões de unidades de informação apresentadas diante de você durante seus dias e noites. Esse processo altamente complexo estabelece a comunicação entre as múltiplas áreas do cérebro – hipocampo, amígdala, tálamo, hipotálamo e córtex cerebral – juntamente com os incontáveis hormônios, neurônios e neurotransmissores. Até hoje, os pesquisadores ainda ficam perplexos diante dos mistérios da memória, e existem diversas hipóteses controversas.

A pesquisa, tanto recente quanto bastante antiga, trouxe-nos uma abundância de teorias e modelos – todos formulados num esforço de explicar e esclarecer este complicado sistema de processamento. O modelo a seguir é um dos entendimentos mais amplamente aceitos sobre o processo da memória. Ele demonstra (em um formato muito simplificado) como a *forma-*

ção, *codificação*, *retenção* e *recuperação* da memória estão relacionadas entre si.

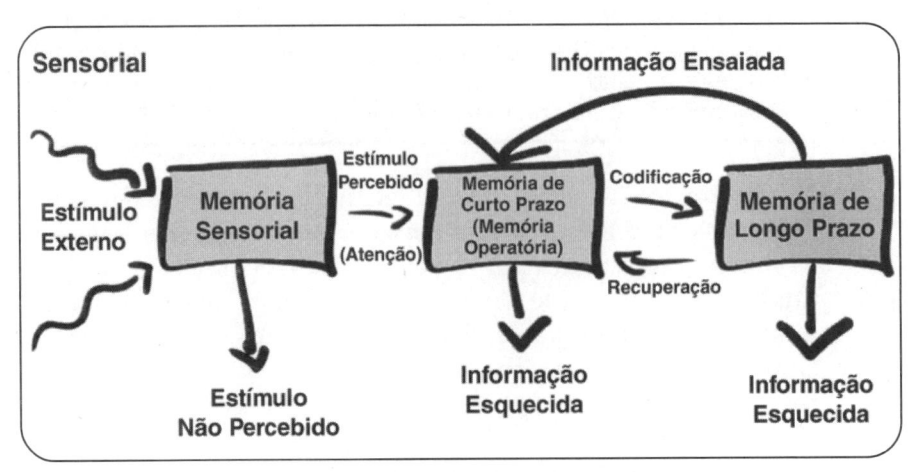

```
Sensorial                           Informação Ensaiada

                    Estímulo
                    Percebido
Estímulo   Memória    →    Memória de    Codificação   Memória de
Externo    Sensorial       Curto Prazo        →        Longo Prazo
                  (Atenção) (Memória
                            Operatória)
                                          Recuperação

           Estímulo       Informação        Informação
           Não Percebido  Esquecida         Esquecida
```

Figura 5.1 O processo da memória

- **Estímulo externo:** Nossos cérebros estão constantemente sendo bombardeados com novos dados, informações e energia por meio dos sentidos. A memória sensorial, que se desintegra rapidamente, age como uma cortina, perscrutando os estímulos externos e selecionando (por meio da atenção) apenas os estímulos que parecem importantes ou valiosos naquele momento. Esses estímulos selecionados são então transmitidos para a memória de curto prazo (Figura 5.1).

- **Memória de curto prazo:** Essa memória também é chamada "memória operatória", porque funciona como uma área de retenção temporária ou caderno de notas para relembrar de informações adquiridas recentemente. Podemos guardar uma quantidade limitada de informação (aproximadamente sete unidades, com margem de erro de duas, para mais ou para menos) na memória de curto prazo por um tempo, que vai de alguns segundos até um ou três minutos. Ensaios ou revisões e agrupamentos (discutidos nas dicas mais adiante neste capítulo) podem ajudar a ampliar esse limite de tempo. Por outro lado, interferências (a exposição a informações adicionais) podem diminuir a taxa de retenção – daí a urgência de discar aquele número de telefone o mais rápido possível depois de consultar a agenda. Se você prestar muita atenção – ficando focado e concentrado – graças à comunicação entre sua amígdala e o hipocampo, e a liberação subsequente de cortisol e epinefrina, essa nova informação será codificada e então guardada na memória de longo prazo.

- **Memória de longo prazo:** Essa é a área de armazenamento projetada para guardar a memória por toda a vida. As memórias são preservadas geralmente porque (1) guardam algum significado importante (o aniversário de sua cara-metade ou o fato de seu filho ser alérgico a amendoim); (2) permitem um funcionamento mais fácil ao longo da vida (sinais de trânsito, políticas da empresa, práticas culturais); ou (3) causaram um impacto emocional (primeiro encontro, canção de amor favorita ou um ataque – físico ou emocional).

Tipos de memória de longo prazo

Há dois tipos de memória: declarativa (explícita) e não declarativa ou procedural (implícita) (ver Figura 5.2). A memória declarativa é dividida em duas categorias: memória episódica e memória semântica. A memória episódica guarda a história das experiências e eventos de nossa vida. Como a memória episódica guarda a memória de forma seriada, podemos relembrar e reconstruir eventos ou experiências passadas, identificando em que ponto de nossas vidas eles aconteceram. A memória semântica tem a ver com fatos, registros e conceitos – coisas como a tabuada, o significado das palavras e o reconhecimento das cores, que não precisam ser cronológicas.

Recuperação da memória

Nós discutimos apenas em termos muito básicos o complexo processo da memória. No entanto, quando se pede que alguém descreva o que é memória, a maioria das pessoas pensará automaticamente apenas no aspecto de recuperação da memória. Isso provavelmente se deva ao fato de que a recuperação é o traço mais usado para medir como nossa memória está funcionando – ou não! *Relembrar*, *recordar* e *reconhecer* são todas formas básicas de recuperação da memória que permitem o acesso à informação guardada em nossos bancos de memória.

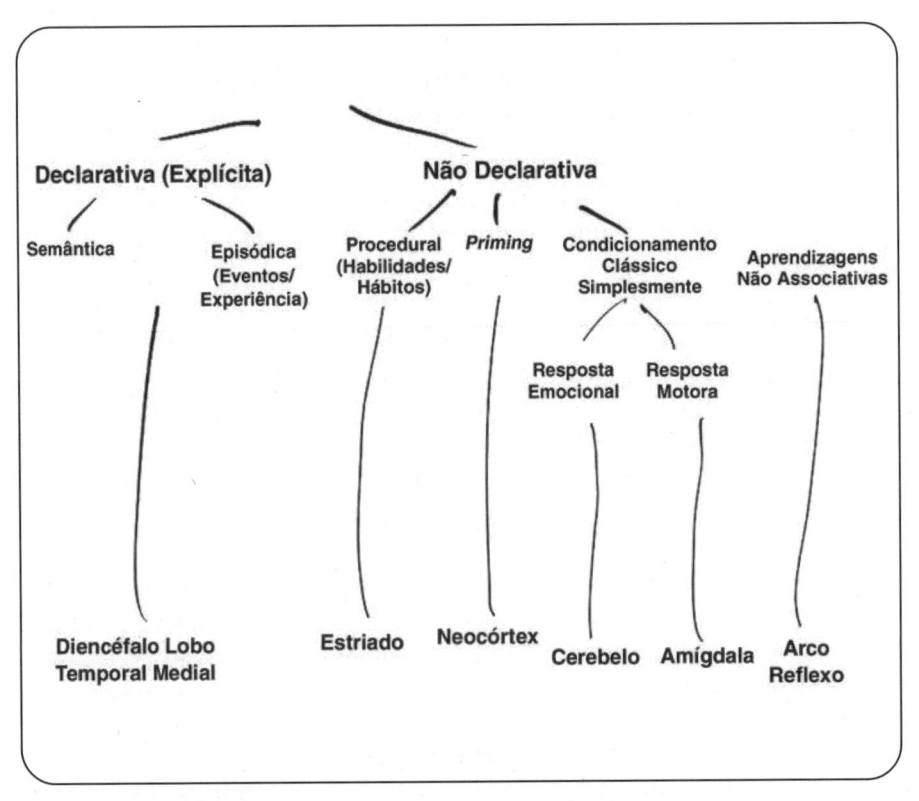

```
                Declarativa (Explícita)                    Não Declarativa
               /         \                        /    |         \              \
         Semântica    Episódica         Procedural   Priming   Condicionamento   Aprendizagens
                      (Eventos/         (Habilidades/          Clássico          Não Associativas
                      Experiência)      Hábitos)               Simplesmente
                                                              /         \
                                                       Resposta     Resposta
                                                       Emocional    Motora


         Diencéfalo Lobo               Estriado   Neocórtex   Cerebelo   Amígdala   Arco
         Temporal Medial                                                            Reflexo
```

Figura 5.2 Taxonomia da memória de longo prazo

- **Relembrar:** Isso acontece quando a informação é reproduzida de uma memória sem a necessidade de nenhum indício (dica, estímulo ou pista) de nenhuma parte da memória existente. Um exemplo do uso desse tipo de memória é quando você realiza um teste do tipo "preencha as lacunas".

- **Reconhecer:** Nesse caso, a informação adicional serve como um indício para a recuperação, incitando-o a reconhecer que essa não é sua primeira exposição àquela informação. Um exemplo do uso desse tipo de memória é quando você realiza um teste de múltipla escolha.

- **Recordar:** Não muito diferente de reconhecer, essa forma de recuperação da memória exige indícios. Mas os indícios são obtidos de memórias incompletas, limitadas ou parciais, que servem como dicas para reorganizar ou reconstruir a informação para o uso na situação presente. Um exemplo do uso desse tipo de memória é quando fazemos uma dissertação.

De acordo com John Medina, em seu livro *Aumente o Poder do seu Cérebro*, o processo de aprendizagem ou codificação que acontece, permitindo que novas informações sejam armazenadas na memória de longo prazo, ainda é um mistério vasto e insolúvel. Porém, ele defende que, baseados naquilo que sabemos, o processo é similar a usar um liquidificador sem tapar o copo. Ele diz que quando o processo de codificação/aprendizagem ocorre, "a informação é literalmente fatiada em pedaços discretos à medida que penetra o cérebro e se espalha por todo o interior da sua mente... a informação é fragmentada e redistribuída no instante em que a informação é encontrada". E se ela está guardada em diversas áreas, tem de ser recuperada de diversas áreas diferentes.

Portanto, quando você olha para uma imagem, seu cérebro vai tratar cada pedaço de estímulo ou informação separadamente, identificando e enviando para o local sensorial apropriado. Por isso, as linhas diagonais e verticais são guardadas em áreas separadas do cérebro, assim como as cores diferentes e mesmo as vogais e as consoantes. As próprias palavras contêm três tipos diferentes de informação: semântico (significado), fonético (som) e léxico (letras). Cada um deles é guardado em partes diferentes do cérebro. Baseado nesse arranjo de armazenamento, é óbvio que, quando chega a hora de recuperar uma memória, o cérebro tem muito trabalho a fazer. Ele tem de acessar todas as informações nas diversas áreas do cérebro, remontando e reunindo milhares de unidades de informação, criando algo que se pareça com a informação apresentada originalmente.

Então, é melhor repensar aquela história sobre um dia perfeito, do qual você lembra de cada pequeno detalhe. Você ainda acha que é assim mesmo?

Na ponta da língua

Todos já passamos por isto – aquela palavra que não conseguimos colocar para fora. Ela está ali, na "ponta da língua", como se diz. Você a conhece; sabe seu significado; sabe quantas sílabas ela tem; pode até mesmo saber que rima com alguma outra, ou lembrar com que letra começa. A palavra parece estar envolvida numa névoa, mantendo-se nervosamente fora do seu alcance. Por quê? Um estudo da Dra. Lori E. James e da Dra. Deborah M. Burke, publicado no *Journal of Experimental Psychology: Learning, Memory and Cognition*, sugere que há uma conexão neuronal fraca entre o significado da palavra (guardado na memória semântica em uma região do cérebro) e o som da palavra (guardado na memória fonética em outra parte do cérebro). E como as conexões se fortalecem ao serem usadas e se enfraquecem com a falta do uso, elas propõem a hipótese de que, quando a palavra "na ponta da língua" finalmente se materializa, pode ser porque você acabou de experimentar com uma palavra de som semelhante.

Você deve se preocupar com esses episódios? Aparentemente não! Sim, as experiências do tipo "na ponta da língua" tendem a ocorrer com mais frequência com a idade, e leva mais tempo para as palavras perdidas aparecerem. No entanto, os cientistas suspeitam que isso ocorre porque, quando envelhecemos, tendemos a nos apegar a padrões, fazendo as mesmas atividades repetidamente. O que se recomenda, e não é nenhuma surpresa, é seguir lendo, fazer mais palavras cruzadas, para manter as conexões ativas.

Use ou perca!

A memória é como a força muscular; se você não usa, você perde. Ela se torna lenta e preguiçosa e simplesmente não funciona tão rápida ou efetivamente.

A seguir, veremos algumas estratégias para manter seu cérebro forte e suas funções mentais afiadas:

- **Preste atenção:** Explore os vários métodos de se prestar atenção – e lembre-se do que discutimos no Capítulo 4; é sua escolha.
- **Revise-reflita-ensaie:** Tente isso imediatamente após receber uma nova informação, em intervalos de tempo regulares, e logo antes de dormir. Use cartões e fichas quando for apropriado.
- **Durma**: Manter uma quantidade apropriada de horas de sono aumenta a energia, a atenção e a concentração. E também diminui o estresse e desempenha um papel decisivo na consolidação da memória.
- **Exercite-se:** Os exercícios aeróbicos aumentam o nível de glicose (o alimento do cérebro) e oxigenam o cérebro.
- **Nutrição:** Manter uma dieta saudável – consistindo de frutas, verduras, cereais integrais e boas gorduras – vai nutrir e estimular as funções cerebrais, afiando a memória.

- **Não trabalhe em multitarefa:** Isso é um mito! Na realidade é multiescolha. Concentre-se somente em uma coisa de cada vez. (Isso também significa nada de música, a não ser que sejam os sons da natureza.)
- **Relaxe:** Respire profundamente, medite ou faça yoga.
- **Organize-se:** Escreva no calendário, use bilhetinhos ou crie um sistema de arquivamento.
- **Anote as coisas:** E depois anote novamente! Faça anotações, fluxogramas, mapas mentais, desenhe figuras ou use lápis de cor.
- **Ria:** Curta a vida! A risada suprime os níveis de cortisol (a substância química do estresse), diminui a pressão sanguínea e diminui a arritmia cardíaca.
- **Minimize o estresse:** O estresse aumenta a produção do cortisol, que inibe o processo de aprendizagem. Pegue leve consigo mesmo.
- **Pré-leia:** Leia ou revise a ementa do seu curso, as descrições, o calendário e o material relevante antes de comparecer à primeira aula, encontro ou treinamento.
- **Diminua/elimine o fumo:** Fumar reduz o fluxo sanguíneo para o cérebro.
- **Decida-se conscientemente a se lembrar:** O compromisso é algo poderoso!
- **Use elementos mnemônicos:** Veja exemplos a seguir em "Dicas para promover a retenção da memória".
- **E se você estiver curioso, use o *neurofeedback*:** Os cientistas dizem que esta tecnologia, inspirada no *biofeedback*, pode ajudar as pessoas a melhorar a memória. É uma forma não invasiva, livre de medicamentos e bastante relaxante de equilibrar e harmonizar as frequências cerebrais.

Dicas para promover a retenção da memória

- **Incorpore o máximo de estilos de aprendizagem diferentes:** Use uma variedade de modalidades visuais, auditivas e sinestésicas.

- **Deixe que sua plateia saiba o que esperar:** Prepare a plateia oferecendo uma ementa ou descrição geral no início de cada capítulo, assunto ou seção. O cérebro estará mais preparado para receber os estímulos.
- **Mantenha o nível de estresse baixo:** Estresse elevado prejudica a acuidade da memória e, portanto, compromete a oportunidade para uma experiência positiva de aprendizagem.
- **Provoque as emoções:** Inclua gatilhos emocionais no seu ambiente de aprendizagem. É muito claro que lembramos mais facilmente de experiências carregadas de emoção do que daquelas que são frias ou desinteressantes. Emoções positivas são mais bem recordadas do que as negativas e, sem nenhuma surpresa, quanto mais fortes forem as emoções despertadas, mais poderoso será o impacto na memória.
- **Introduza novas informações:** Introduza, gradualmente, novas informações e certifique-se de estabelecer as bases antes de se aprofundar no complexo. Amarre as novas informações às existentes. E então revise e repita as novas informações em intervalos regulares.
- **Crie intervalos e pausas frequentes:** O movimento realmente recarrega o corpo e o cérebro. De acordo com David A. Souza, em seu livro *Como o Cérebro Aprende*, "Quando nos sentamos por mais de 20 minutos, nosso sangue se acumula nas nádegas e nos pés. Ao nos erguermos e nos movimentarmos, recirculamos este sangue. Em um minuto, há 15% mais sangue em nosso cérebro. Pensamos melhor quando estamos de pé!"
- **Incorpore a novidade:** Faça algo completamente diferente do que você vinha fazendo ou dizendo – a cada 10 minutos. O cérebro precisa de um respiro, um intervalo, uma mudança de cenário, mais ou menos a cada 10 minutos! O cérebro adora novidades. Quando algo novo é apresentado ao cérebro, os receptores sensoriais se excitam (ficam interessados, animados). No entanto, se esse estímulo continua repetidamente sem variação, os receptores que estavam excitados se desligam ou encerram seu estado de excitação (ficam entediados, preferem ignorar). Varie a qualidade ou a quantidade dos estímulos e – *voilá* – os receptores sensoriais ligam a atenção e levam à ação. Não é surpresa alguma que nossos receptores sensoriais se desliguem quando são forçados a ouvir alguém falando de forma monótona.

- **Incentive o uso de diagramas:** Desenhos e diagramas, mesmo se parecerem irrelevantes para o assunto, são recursos valiosos no processo de recuperação da memória, especialmente no que tange a detalhes.
- **Inclua elementos mnemônicos:** Elementos mnemônicos (com o primeiro "m" mudo!) são técnicas e sistemas usados para apoiar e aprimorar o processo da memória incorporando ritmos, regras, frases, acrônimos, siglas e outros. O termo vem da palavra grega *mneme* (memória), existindo indicações históricas sobre sua utilização desde 477 a.C.

Veja alguns exemplos:

- *Método Peg:* Uma técnica para lembrar de uma série de números, como telefones, contas de banco ou senhas numéricas. Para usar essa técnica, comece designando mentalmente uma palavra, figura ou ícone para representar cada número, de 0 a 9. Cada imagem pode ser uma palavra que rime com o número, que lembre sua forma ou que, de algum modo, expresse o que o número significa para você. Um exemplo seria criar em sua mente a imagem de um lápis para representar o número 1 (pelo formato), a imagem de um pato para representar o número 2 (o número lembra o pescoço de um pato), a palavra "mês" para representar o 3 (mês rima com três), e um garfo para representar o número 4 (já que os garfos geralmente possuem 4 pontas). Depois, junte as imagens em ordem numa história dramática.
- *Método dos loci (método dos locais romanos):* Usada pelos antigos oradores, essa é uma técnica para lembrar de grandes quantidades de informações, seja num discurso, seja numa lista de itens. Para usar esta técnica, você deve primeiro pensar numa rota conhecida e em pontos ou objetos específicos no caminho (seu caminho até o trabalho, uma ida de um extremo a outro da sua casa, sua caminhada matinal ou noturna, e coisas do gênero). Depois, você associa mentalmente as imagens representando os itens na sua lista ou os pontos-chave do seu discurso com marcos conhecidos do caminho escolhido. O número de marcos escolhido será determinado pelo número de itens que você deseja recordar. Depois, simplesmente refaça mentalmente a rota para relembrar das informações. Esta é a origem da expressão "em primeiro lugar".

- **Agrupamento:** Baseado na teoria dos "sete, mais ou menos dois" sobre a retenção de informações em nossa memória operatória, de curto prazo, o agrupamento é um sistema de se agrupar números e informações em conjuntos pequenos para serem mais facilmente recordados. Por exemplo: lembrar da sequência numérica 03181972 é mais difícil do que se lembrar de 03.18.1972 (uma data). Isso ocorre porque é mais fácil guardar grupos de 2, 3 ou 4 números em vez de uma longa sequência de algarismos.
- **Rimas, ritmo e repetição:** Um método divertido de se lembrar usado desde a infância. Lembre-se do aprendizado do alfabeto, dos dias da semana ou dos meses do ano. É útil para a memorização, mas não para a compreensão da informação.
- **Frases sem sentido:** Nesta técnica, a primeira letra de cada palavra em uma frase sem sentido representa ou faz parte da palavra que você deseja se lembrar. Se você já teve aulas de música, deve se lembrar daquela famosa música sobre as notas musicais ("Dó é pena de alguém, Ré que anda para trás..."). Os alunos de Medicina costumam usar esta técnica para memorizar partes da anatomia do corpo. Por exemplo: "O encéfalo se divide nos lobos parietais, occipitais, temporais e frontal" pode virar algo do tipo: "Esses porcos organizaram uma tremenda festa". Novamente, este método não garante a compreensão da informação, é usado somente para a memorização.

Você é Mais Esperto que uma Criança de 10 Anos?

OBJETIVO
- Demonstrar que a maioria de nós é na verdade mais esperta que uma criança em idade escolar.

Materiais:
Nenhum.

Tempo:
10 a 15 minutos.

Instruções

Pergunte quantos ali já viram algum programa de TV de perguntas e respostas com crianças. Reconheça que, apesar de algumas crianças poderem realmente estar mais "afiadas" em determinados assuntos que os adultos, os adultos memorizaram muitas daquelas mesmas informações "muito tempo atrás". Conforme o tempo passou, substituímos essas memórias porque precisamos usar nossos cérebros para informações mais atuais e importantes.

Questões para Discussão

1. Quantos de vocês já viram este tipo de programa de TV? E quantos de vocês erraram alguma resposta?
2. Sem dúvida alguma, a maioria de nós conhecia essas respostas quando éramos crianças. Por que não podemos lembrar desses fatos agora? Quão importante é lembrar desses fatos agora?
3. De que forma os seus métodos de aprender novas informações mudaram quando comparados com o "muito tempo atrás"?

Posso Sonhar, não Posso?

OBJETIVOS
- Ilustrar que o cérebro está sempre funcionando.
- Mostrar que nossos sonhos tendem a recriar pensamentos e ações que experimentamos durante o dia.

Material:
Nenhum.

Tempo:
10 a 15 minutos.

Instruções

Solicite ao grupo que forme equipes de dois ou três integrantes e pergunte se eles conseguem se lembrar de algum sonho que tiveram na noite anterior. (Observação: todos nós sonhamos, mas a maioria de nós esquece do sonho na hora em que acorda.)

Peça ao grupo que descreva o sonho e o reconstrua da forma como a memória permite.

Embora os sonhos possam aparentar não ter nenhuma continuidade, pode muito bem acontecer de eles serem uma colagem ou coleção de acontecimentos que experimentamos durante o dia.

Se eles puderem reconhecer os elementos e pedaços de seus sonhos como reflexo dos pensamentos e atividades que tiveram no dia anterior, podem ser capazes de apreciar melhor o fato de que o cérebro está sempre funcionando.

Questões para Discussão

1. Quantos de vocês sonharam na noite passada?
2. Quando lembram do sonho agora, vocês conseguem recordar se alguns elementos foram experiências reais do dia anterior?
3. Enquanto discutiam os sonhos com seus companheiros, alguma parte do sonho parecia completamente incompreensível ou ridícula?
4. Algum de vocês acordou durante a noite com uma resposta para um problema no qual estava pensando antes de ir dormir?

Olá, Muito Prazer – Próximo! Parte 1

OBJETIVOS
- Demonstrar que a maioria de nós não se lembra de nomes porque simplesmente não usamos nossas habilidades otimizadas de atenção e concentração.
- Ajudar os participantes a se conhecerem.
- Dar o tom para o início dos trabalhos.

Materiais:
Nenhum.

Tempo:
5 a 10 minutos.

Instruções

Explique ao grupo que em alguns instantes eles terão de se levantar e andar pela sala cumprimentando e se apresentando para três ou quatro companheiros. Diga-lhes que terão apenas 2 ou 3 minutos para isso. Depois de terem passado esses minutos conhecendo novas pessoas, peça que todos se sentem.

Questões para Discussão

1. Quantos de vocês conheceram pelo menos três ou quatro novos amigos?
2. Quantos de vocês podem dizer neste momento os nomes de três ou quatro novas pessoas que conheceram? Por que, ou por que não conseguem?
3. Com que frequência vocês conhecem alguém e, em segundos, esquecem o nome da pessoa? Vocês acham mais fácil lembrar de rostos do que nomes?

Olá, Muito Prazer – Próximo!
Parte 2

> **OBJETIVO**
> • Demonstrar que, aprimorando nossas habilidades de concentração e usando uma técnica de memorização, promovemos a retenção de nomes.

Materiais:
Nenhum.

Tempo:
5 a 10 minutos.

Instruções

Use esta atividade como sequência a *Olá, Muito Prazer – Próximo! Parte 1*. Agradeça ao grupo a participação na "Parte 1" e explique que agora você vai dar uma oportunidade para que eles (1) aprendam uma técnica de memorização e (2) ponham imediatamente esta técnica em uso conhecendo novamente três ou quatro novas pessoas num período de 2 ou 3 minutos. E você vai mostrar a eles que vai ser divertido fazer isso.

Eis a técnica:

1. Escute! Certifique-se de ter ouvido o nome corretamente. Se necessário, peça que a pessoa soletre seu nome.
2. Repita o nome duas ou três vezes durante a conversa de apresentação.
3. Se houver tempo, tente associar uma imagem que tenha correspondência com o nome. Por exemplo: com o nome Alberto de Oliveira, você pode imaginar que essa pessoa possui um sítio com um campo A(L)BERTO, cheio de OLIVEIRA(S). Com o nome Joana Passos, você pode imaginar que a pessoa SÓ ANDA (o som lembra "Joana!") lentamente, marcando seus PASSOS.

Vá em frente! Convide os membros dos grupos a se apresentarem para três ou quatro novas pessoas, e, depois de 2 ou 3 minutos, peça que todos se sentem.

Questões para Discussão

1. Quantos de vocês conheceram três ou quatro novos amigos?
2. De quantos nomes se lembraram desta vez?
3. Desta vez vocês se lembraram de mais nomes do que na rodada anterior? Por que, ou por que não?

Obrigado Pelas Memórias

OBJETIVO
- Demonstrar que algumas informações do nosso passado foram guardadas em nossos bancos de memória de longo prazo e podem ser recuperadas.

Materiais:
Cópias do material *Obrigado Pelas Memórias* (a seguir).

Tempo:
5 a 10 minutos.

Instruções

Dê a cada participante uma cópia do material *Obrigado Pelas Memórias*. Peça que eles ativem seus bancos de memória para recuperar as respostas para as perguntas e completar os *slogans* e bordões de antigos comerciais, programas de TV etc.

Ressalte que a informação guardada em nossos bancos de memória podem ser recuperadas mesmo que não tenham sido acessadas por muito tempo. Para demonstrar como se joga, revele aos participantes a resposta de um dos itens. Se o grupo incluir muitos participantes bem jovens, peça que se juntem a outros membros mais velhos (pois alguns *slogans* podem não constar de seus bancos de memória...).

Dê aos participantes de 2 a 3 minutos para resolverem o desafio individualmente e, depois, peça que se juntem com um companheiro para tentarem resolver juntos mais alguns *slogans*. Dê mais 2 ou 3 minutos para isso.

Questões para Discussão

1. Quantas dessas perguntas vocês conseguiram responder corretamente sozinhos?
2. Essas perguntas trouxeram de volta algumas memórias?
3. Quando você acha que foi a última vez que ouviu – ou pensou sobre – alguns desses itens?
4. Você ficou surpreso de quão rapidamente algumas das respostas saltaram da sua mente?

MATERIAL

Obrigado Pelas Memórias

Aqui estão alguns *slogans*, frases e títulos de programas e comerciais de TV do passado.

Veja como sua memória pode ajudar! Anote as suas respostas nos espaços indicados.

1. Sempre cabe mais um quando se usa ....

2. O frango veloz da ....

3. Ortopé, ortopé, tão ....

4. O nome anterior de Muhamad Ali era ....
   ....

5. Leite condensado caramelizado, com flocos crocantes e ....
   ....

6. O tempo passa, o tempo voa e a ....
   .... continua numa boa.

7. Quero ver você não chorar, não olhar para trás, nem ....
   ....

8. Diga o nome dos Beatles:
   ....
   ....

9. Ofélia: Porque eu só abro a boca quando eu tenho ....
   ....

10. Coca-cola é ....

11. .... : o sabor da nova geração.

12. Eu fui protegido por esse .... invisível.

MATERIAL

13. Danoninho vale por um ....

14. Não existe nada mais antigo do que ....
....

15. Todo dia é dia, toda hora é hora, de saber que ....
....

16. Carro a álcool: você ainda vai ....

17. Se um desconhecido lhe oferecer flores, isto é ....
....

18. Estrela brasileira no céu azul, iluminando ....
....

19. Free: alguma coisa a gente tem ....

20. Liberdade é uma calça ....
....

21. Você vai sentir o novo gosto, o gosto da vitória:
...., ah!

22. .... Energia que dá gosto.

23. O banco do guarda-chuva: Banco ....

24. Papai Noel, não se esqueça da minha ....

25. Pilhas ...., as amarelinhas.

MATERIAL

Obrigado Pelas Memórias – Respostas

1. Sempre cabe mais um quando se usa REXONA.

2. O frango veloz da SADIA.

3. Ortopé, ortopé, tão BONITINHO.

4. O nome anterior de Muhamad Ali era CASSIUS CLAY.

5. Leite condensado caramelizado, com flocos crocantes e CHOCOLATE NESTLÉ.

6. O tempo passa, o tempo voa e a POUPANÇA BAMERINDUS continua numa boa.

7. Quero ver você não chorar, não olhar para trás, nem SE ARREPENDER DO QUE FAZ.

8. Diga o nome dos Beatles: JOHN, PAUL, GEORGE E RINGO.

9. Ofélia: Porque eu só abro a boca quando eu tenho CERTEZA!

10. Coca-cola é ISSO AÍ!

11. PEPSI: o sabor da nova geração.

12. Eu fui protegido por esse ESCUDO invisível.

13. Danoninho vale por um BIFINHO.

14. Não existe nada mais antigo, do que COWBOY QUE DÁ CEM TIROS DE UMA VEZ.

MATERIAL

15. Todo dia é dia, toda hora é hora, de saber que ESSE MUNDO É SEU.

16. Carro a álcool: você ainda vai TER UM.

17. Se um desconhecido lhe oferecer flores, isto é IMPULSE.

18. Estrela brasileira no céu azul, iluminando DE NORTE A SUL.

19. Free: alguma coisa a gente tem EM COMUM.

20. Liberdade é uma calça VELHA, AZUL E DESBOTADA.

21. Você vai sentir o novo gosto, o gosto da vitória: KOLYNOS, ah!

22. SUPERNESCAU Energia que dá gosto.

23. O banco do guarda-chuva: Banco NACIONAL.

24. Papai Noel, não se esqueça da minha CALOI.

25. Pilhas RAY-O-VAC, as amarelinhas.

Quando eu Era Criança...

OBJETIVO
- Demonstrar como é fácil recuperar descrições vívidas de memórias do passado quando incitadas até mesmo pela menor das lembranças.

Materiais:
Nenhum.

Tempo:
10 a 20 minutos.

Instruções

Convide os membros do grupo a se lembrarem dos seus dias de infância. Em grupos de três ou quatro, peça que partilhem a lembrança (ou duas, se houver tempo) de uma experiência ou evento que aconteceu durante aquela época. As experiências podem incluir passeios de família, lembranças da escola, animais de estimação, um brinquedo ou boneca especial, e assim por diante. Peça a eles que relembrem em suas mentes tantos detalhes descritivos e vívidos quanto forem possíveis. Depois de alguns minutos, pergunte se algum deles gostaria de partilhar a sua lembrança com a plateia.

Questões para Discussão

1. Quando foi a última vez que você pensou nessa experiência ou evento?
2. Você se surpreendeu de como as informações retornaram rapidamente?
3. Você possuía uma imagem vívida ou detalhes claros dessa experiência ou evento?
4. As memórias são guardadas em nossos bancos de memória de longo prazo, porque, de algum modo, são valiosas. Você tinha consciência do valor das memórias que relembrou?
5. Ao ouvir sobre a experiência de outra pessoa, você melhorou sua avaliação sobre ela?

6

Aprendizagem Adulta: Ajude seu Cérebro a se Adaptar a Situações de Mudança

Aprender não é obrigatório... sobreviver também não.

W. Edwards Deming

Destaques do Capítulo

Você aprenderá alguns princípios básicos de como os adultos aprendem melhor e como essas leis sublinham a importância de se envolvê-las em seus programas. Você também encontrará algumas ideias práticas sobre como trabalhar com membros das Gerações X e Y.

Por definição, aprender é "uma mudança de comportamento por causa de alguma experiência." É a aquisição de conhecimentos ou habilidades. Na verdade, pode-se dizer que aprendizagem significa literalmente mudança.

Embora para muitos de nós a mudança possa ser um item agradável e até mesmo perseguido, é importante perceber que para alguns dos participantes a mudança é algo muito difícil ou até mesmo desconfortável. Se você duvida disso pelo menos por um instante, tente o exercício sempre utilizado de simplesmente cruzar os braços.

Então, sem olhar para baixo, pergunte-se qual braço está por cima. Bem rapidamente, descruze os braços e cruze-os novamente, dessa vez, colocando o outro braço por cima. Simples? Talvez sim, mas tente isso num grupo e observe os resultados. Você certamente vai testemunhar uma certa estranheza e mesmo algumas risadas enquanto as pessoas percebem o quanto uma mudança física tão simples pode ser difícil.

Qual o sentido disso? Bem, se uma mudança física simples causa estranheza ou não parece de todo correta, quão verdadeiro isso não será com respeito a mudanças psicológicas? Caso encerrado!

Este capítulo vai explorar alguns dos estudos recentes sobre como o cérebro trabalha na coleta de informações novas e como você pode aplicar este conhecimento para sua própria aprendizagem e atividades de ensino.

Você aprenderá por que a maioria das pessoas participam de conferências e seminários e como você pode tornar esses encontros mais efetivos.

Também vamos mergulhar em alguns princípios e teorias selecionados sobre a aprendizagem dos adultos e demonstrar suas implicações práticas para suas atividades cotidianas.

Você também vai rever algumas das pesquisas recentes que identificam diferentes estilos de aprendizagem e como todos temos de adaptar nosso próprio estilo de ensinar para tirar o máximo dessas interações. Então, seja uma turma de cinquentões, de jovens da Geração X ou de garotos da Geração Y (também conhecidos como os "do Milênio") – ou qualquer outro grupo especialmente identificado –, você terá ferramentas e técnicas para se dirigir a essas plateias de forma efetiva.

Um dos mais interessantes aspectos do cérebro é sua capacidade de se adaptar a situações novas e em permanente transformação. Neste capítulo, você encontrará pesquisas de ponta, mas, o mais importante, métodos e ideias para levar essas pesquisas para o seu mundo. Vamos começar.

Reuniões efetivas

O que torna uma reunião efetiva? O que acontece durante uma excelente sessão de treinamento? Quais os ingredientes de uma palestra ou apresentação soberba?

Hoje em dia, mais do que nunca, a necessidade de reuniões eficientes em termos de custos, que demonstram um sólida taxa de ROI (*Return on Investment*)* é decisiva.

Com o tempo começando a ser cada vez mais a moeda corrente no século XXI, é imperativo que cada um de nós compreenda a importância de ter objetivos claramente definidos, abordar questões reais e importantes, oferecer informações e conteúdos relevantes e atuais e, claro, assegurar que os participantes saiam da reunião se sentindo bem a respeito da experiência!

A poetisa Maya Angelou foi muito precisa ao dizer que "as pessoas esquecerão o que você disse, esquecerão o que você fez, mas jamais esquecerão como se sentiram por sua causa".

Por que as pessoas comparecem a reuniões

E se você organizasse uma reunião e ninguém aparecesse?

Bem, sem sombra de dúvida, se você é um gerente e convoca uma reunião para a próxima quinta-feira, às 11h, todos os convocados

---

* N.T.: Retorno sobre o Investimento.

estarão presentes. Embora isso seja um dado no mundo empresarial, essa presença não é necessariamente a mesma quando se trata de reuniões de associações, seminários públicos ou mesmo sessões de treinamento ou programas educacionais voluntários.

Então, a pergunta "por que comparecer à reunião?" é genuína. O futurista Alvin Toffler sugere que as pessoas compareçam a reuniões por diversas razões:

- **Informação:** Os participantes de hoje são bastante diferentes de seus correspondentes de alguns anos atrás. São mais jovens, mais sofisticados, mais bem instruídos e famintos por informação. Eles querem aprender novos conteúdos, novos conceitos e habilidades que vão ajudá-los hoje e amanhã – mas não daqui a cinco anos!

- *Networking*: Não é surpresa alguma o fato de que muitas pessoas escolhem participar de seminários e conferências pelo *networking*, pela camaradagem, e o sentimento de pertencimento que encontram entre seus colegas participantes. Talvez eles queiram apenas partilhar suas experiências ou "histórias de guerra" com seus colegas de várias partes do país – ou, nesses dias, até mesmo do mundo. Qualquer que seja a razão, há muitos de nós que participamos de seminários apenas para rever velhos amigos e fazer novas amizades.

- **Recreação:** "Só trabalho e nenhuma diversão..." É isso mesmo; algumas pessoas comparecem a seminários e reuniões apenas para se divertir! Essa "diversão", é claro, pode assumir diversas formas, desde torneios de golfe a atividades de entrosamento de equipes ou eventos sociais e outros. Qualquer que seja o caso, facilitadores experientes entendem a importância de se abrir espaço na programação para essas atividades.

Teorias para a aprendizagem adulta

Nos últimos anos, muita atenção tem sido dada ao campo da aprendizagem adulta. Vamos examinar algumas ideias que serão úteis para você e seus alunos durante a próxima sessão de treinamento. Centenas, senão milhares, de estudos têm investigado como o processo da aprendizagem acontece. Você já aprendeu muito sobre isso nos capítulos anteriores sobre o cérebro, a atenção e a memória. Por exemplo: um adulto idoso teria um estilo de aprendizagem consideravelmente diferente dos de seus companheiros mais jovens. Plateias mais jovens (que cresceram assistindo à Vila Sésamo e ao dinossauro Barney) podem acreditar, com toda razão, que a aprendizagem pode ser apoiada tanto por métodos informativos quanto divertidos. Eles sabem que aprender pode ser divertido, e as pesquisas sustentam essa premissa básica. E, só para deixar registrado, essa premissa se mantém em qualquer faixa etária.

A organização de aprendizagem

O Dr. Peter Senge, do MIT, em um livro marcante chamado *A Quinta Disciplina*, deu ao mundo da aprendizagem um presente incrível quando descreveu o que ele chamou de uma "organização da aprendizagem". Ele ensinou aos CEOs de todo o mundo o que significava realmente a aprendizagem dentro da arena corporativa.

A definição dele era a seguinte: "Organizações de aprendizagem são aquelas onde as pessoas continuamente expandem suas capacidades para criar os resultados que desejam realmente... e nas quais as pessoas continuamente aprendem como aprender juntas."

Palavras simples, mas que carregam uma enorme mensagem para todos nós.

Embora dificuldade de aprendizagem seja algo infeliz em uma pessoa, também pode ser trágica no mundo empresarial. A não ser que tenhamos uma maneira de capturar e reter a cultura organizacional com o tempo, a história passada e a aprendizagem podem ficar pelo caminho – condenando-nos a cometer os mesmos erros vezes e vezes seguidas.

Felizmente, existem inúmeras formas pelas quais as empresas e os grupos podem lutar para criar uma organização de aprendizagem. Por exemplo: mesmo algo tão simples quanto uma pequena biblioteca na sala de descanso, com livros e fitas, pode ajudar a criar uma organização de aprendizagem. Reuniões de grupo para discutir um livro de administração relevante atualmente pode ser outro passo importante em direção a uma organização de aprendizagem. O fundamento básico dessas organizações é que "todos nós juntos somos mais espertos do que cada um de nós, e nós podemos e devemos aprender juntos". O Dr. Senge segue enumerando as características de uma organização de aprendizagem:

1. Ela permite tanto a aprendizagem individual quanto organizacional.
2. O foco está na adaptabilidade e na criatividade.
3. A organização possui uma visão clara e bem definida.
4. Ela faz uso efetivo das equipes.
5. Ela exibe um forte compromisso organizacional (liderança).

Mudança de paradigmas

Quando analisamos as mudanças no mundo do trabalho desde a transformação para a economia do conhecimento, do passado agrícola e industrial, vários pontos saltam aos olhos. Por exemplo:

1. A rigidez necessária nos "velhos tempos" foi substituída por uma cultura da mudança e da flexibilidade.
2. O estilo de liderança de-cima-para-baixo da pirâmide deu lugar a uma estrutura mais horizontalizada.
3. O papel do autocrata está sendo suplantado pelo do líder empoderador.
4. O *status quo* agora busca a melhora contínua.

Pedagogia versus Andragogia

Não se assuste com as palavras! O saudoso Dr. Malcolm Knowles, um escritor respeitado e professor na área da aprendizagem adulta, cunhou o termo andragogia alguns anos atrás para diferenciar como aprendemos enquanto adultos e como aprendemos como crianças (pedagogia). O impulso básico da andragogia é simplesmente de que os adultos diferem em seu estilo de aprendizagem e, portanto, não devem ser sujeitados aos mesmos métodos de ensino pedantes usados com as crianças. (A propósito, seria muito bom se alguns professores universitários atuais entendessem e praticassem essa verdade simples!)

Em outras palavras, ao trabalharmos com plateias adultas, não podemos usar as mesmas metodologias às quais fomos sujeitados em nossas primeiras experiências de aprendizagem.

Vamos examinar rapidamente o que a andragogia se propõe a assegurar. Os quatro passos básicos são tão simples que chama a atenção o fato de não terem sido adotados por toda uma sorte de professores, palestrantes e RHs.

1. **Adultos são adultos e não querem ser tratados como um bando de crianças.** Nossa – que novidade, não? Por mais óbvia que seja essa declaração, observamos muitos e muitos colegas que parecem não compreender isso ainda. Somente em nome da diversão, pense e relembre do último seminário do qual você participou, ou, talvez, do palestrante da última conferência. Você sentiu que ele se dirigia a vocês como adultos? Em caso negativo, você já entendeu o que queremos dizer. Muito frequentemente, ao que parece, nos vemos em situações como essa, nas quais nos sentimos como se estivessem nos subestimando. Somos adultos, e temos todo o direito de sermos tratados como tal.

2. **Adultos têm mais experiência.** Todos os seus alunos têm experiência de vida e de trabalho. Isso deveria ser óbvio, então, como violamos esse princípio básico ao não reconhecer ou capitalizar sobre essa riqueza de experiências? Ainda que você esteja apresentando um conteúdo que seja novidade para a plateia, não se esqueça de que as pessoas querem se envolver. É a própria essência da aprendizagem experimental! Lembre-se de que há um mundo de aprendizagem lá fora, e seus alunos podem muito bem ter muita experiência em inúmeras áreas.

3. **Deve haver uma urgência em aprender.** Todos sabemos que a motivação é uma atividade interna e que você não pode realmente forçar o processo de aprendizagem. Mas certamente as horas do dia, e mesmo os dias da semana, possuem, pelo menos, implicações sobre a aprendizagem. Você já aprendeu que o cérebro funciona melhor em certas horas do que em outras. Por exemplo: a maioria de nós tende a aprender melhor nas horas da manhã. Por outro lado, muitos participantes podem tirar uma *siesta* mental (ou mesmo física, Deus me livre!) logo depois da hora do almoço. Aqui, é claro, é onde o uso de técnicas de envolvimento é decisivo.

4. **Seja real.** Embora em muitos casos nos apoiemos na teoria, a melhor aposta é sempre manter o conteúdo o mais prático e relevante possível. Quanto mais os participantes puderem ver a conexão entre os nossos conteúdos e suas atividades do mundo real, mais viável e efetivo o programa será para eles. Lembre-se de que, quanto mais práticas as informações, mais provável será que eles transfiram a informação do treinamento para seus bancos de memória de longo prazo.

Leis da aprendizagem adulta

Em vez de recitar uma ladainha sobre as "leis da aprendizagem adulta", vamos examinar algumas delas que têm implicações – e aplicações – mais diretas sobre a apresentação de informações.

Aprendizagem

Vamos revisitar o que queremos dizer com aprendizagem. Estamos nos referindo aqui aos conhecimentos, habilidades e atitudes que são obtidos por meio do estudo, da observação ou da emulação. Aprendizagem é simplesmente a arte de adquirir essas habilidades. A mudança de comportamento é a essência da aprendizagem.

A maioria dos teóricos da aprendizagem sugere que ela é na verdade um processo de vida inteira. E que é autodesenvolvida por meio da atividade. Embora a aprendizagem não associativa possa desempenhar um papel, a verdadeira chave é a aprendizagem experimental. A era das "cabeças falantes" já era, ainda bem. Ninguém mais – especialmente os das Gerações X e Y – quer ouvir os outros falando. Eles querem ter um papel ativo em suas próprias atividades de aprendizagem.

Vamos examinar alguns princípios da aprendizagem que você pode colocar em uso hoje em dia.

1. **Lei do Efeito:** Essencialmente, essa lei sugere que as pessoas aprendem melhor em ambientes agradáveis. (Como comentário, poderíamos acrescentar que as pessoas também "trabalham" melhor em ambientes agradáveis!) A importância das atividades de aquecimento, por exemplo, é ressaltada quando percebemos que elas servem para ajudar os indivíduos a se conectarem mais facilmente uns com os outros. Esse sentido de conexão promove um ambiente confortável – e, portanto, um ambiente mais agradável.

   Relembre alguma situação recente na qual você entrou numa sala e não conhecia ninguém. Como você se sentiu? Todos percebemos o impacto que pode ter uma primeira impressão. Como você acha que as pessoas recém-chegadas se sentem nas suas reuniões de grupo ao entrar e não conhecer ninguém? Parece óbvio. Certifique-se de ter recepcionistas ou alguma forma de fazer as pessoas se sentirem bem-vindas. Aprenda com a loja da esquina.

Seja uma grande convenção ou um pequeno programa de treinamento, se a Lei do Efeito não funcionar para você, está provavelmente funcionando contra você.

Claramente, uma sala bem organizada com cadeiras confortáveis ajuda. Mas, mesmo nesse caso, muitos de nossos colegas planejadores de eventos se esquecem de que uma sala conhecida com assentos dispostos como uma plateia pode não ser a melhor opção. Mesmo para grupos maiores, use diversas organizações de sala. Aquelas filas longas e retas claramente impedem um bom contato visual com os outros – e podem até mesmo causar torcicolos após um longo dia. Considere a possibilidade de usar alguma variação de um estilo mais circular. É mais confortável e permite uma atmosfera mais casual.

De vez em quando, para conferências maiores, certifique-se de que as primeiras fileiras fiquem próximas do palco. Os palestrantes sempre reclamam da perda de energia num auditório no qual a primeira fileira parece estar a quilômetros de distância.

A música pode ter um papel importante também. Pense num filme ou programa de TV que você tenha visto recentemente. Lembre como a utilização da música pode criar um clima ou uma atmosfera. Logo, a música também pode ajudar a materializar um certo clima. No entanto, uma ressalva: certifique-se, ao usar alguma música, de que ela é apropriada para utilizações públicas. Consulte sempre uma assessoria jurídica, especializada em direitos autorais, para obter o licenciamento necessário.

2. **Lei do Exercício:** Você pode ser o melhor palestrante ou instrutor em atividade, mas, se não conseguir envolver sua plateia, está perdendo seu tempo. Na verdade, o renomado educador John Dewey reforçou esse argumento muitos anos atrás, ao dizer que "as pessoas aprendem fazendo". É um fato comprovado que as pessoas retêm mais – tanto na memória de curto quanto de longo prazo – quando estão envolvidos ativamente em alguma parte do programa. A retenção fica claramente melhor com algum tipo de envolvimento.

3. **Lei da Prontidão:** Esse princípio tem a ver com a motivação e o desejo interno de que as pessoas têm de fazer a coisa certa.

Não importa quão dinâmica seja sua apresentação, se a plateia não estiver pronta, atenta e disposta a aprender ou participar, esses esforços errarão o alvo. Isso geralmente se relaciona com a hora do dia, o dia da semana etc., como você já leu no Capítulo 4, sobre a atenção. Não é segredo algum para qualquer profissional experiente em reuniões o fato de que a maioria das pessoas pode ficar um pouco cansada depois de um almoço pesado ou de uma palestra longa e sinuosa. Assegure-se de que seus facilitadores compreendam que as pessoas aprendem mais prontamente quando a necessidade for mais aparente. E certifique-se de que o material que eles apresentam seja relevante, atual e importante. Desse modo, você conseguirá mais atenção e melhores resultados.

4. **Lei da Associação:** Imagine uma criança brincando no chão com alguns blocos de montar. Provavelmente, ela vai colocar um bloco em cima do outro, e depois mais outro, e assim por diante, até construir alguma coisa. De certo modo, aprender é parecido com isso para muitos de nós (mas não para todos nós). Vamos do conhecido para o desconhecido em alguns passos curtos e gerenciáveis. Em outras palavras, movemo-nos do conhecimento velho para o novo, um pedaço de cada vez, acrescentando lentamente novos conceitos, atitudes etc. Para a maioria das pessoas, trata-se de um processo metódico, sequencial. No entanto, é importante notar que esse procedimento simples – de A para B e depois C – pode não ser verdadeiro para todos os aprendizes. Especialmente para as pessoas das Gerações X e Y, que possuem habilidades multiconexão e se sentem perfeitamente confortáveis indo do ponto A para o J e depois talvez voltar ao ponto D, e assim sucessivamente. Em outras palavras, o seu estilo de aprendizagem é um pouco diferente, por isso, certifique-se de que os seus métodos e técnicas levem isso em consideração. A não ser que reconheça esses vários estilos, você pode acabar perdendo o seu grupo rapidamente.

Estilos geracionais de aprendizagem

Como você já aprendeu, todos possuímos estilos diferentes de aprendizagem. A velha ideia do "tamanho único" não cola com as plateias de hoje em dia – especialmente entre os membros das Gerações X e Y.

Portanto, vamos examinar as diversas gerações que você pode encontrar em seus programas. Note que, embora tenhamos a tendência de separar esses grupos pelo ano de nascimento, não existe realmente nenhuma definição ou demarcação clara. Ou, em outras palavras, todos temos tendência a exibir as qualidades e características de um grupo etário diferente do nosso em vários momentos. São coisas da vida.

- **A Geração "Madura"** – Aqueles que nasceram antes de meados da década de 1940. Obviamente, muitos já se aposentaram e não trabalham mais, mas ainda há alguns deles em atividade – talvez trabalhando meio período ou temporariamente. Geralmente, eles são vistos como trabalhadores dedicados e esforçados, leais e respeitadores – e também econômicos e patriotas.

- **A Geração do "Baby-boom"** – Geralmente identificados como aqueles que nasceram entre 1946 e 1963. Eles perfazem mais de 70 milhões, só nos EUA. São dirigidos pela sua carreira e buscam construir relacionamentos e resultados. São vistos como energéticos, com valores éticos profundos e possuem altas expectativas sobre si mesmos e seus colegas. Ao trabalhar com eles, certifique-se de seu nível de conforto com a tecnologia antes de embarcar em novos projetos. Eles sabem apreciar o valor de fazer parte de uma equipe e fazem contribuições significativas. Apesar de serem muito competitivos, geralmente são bastante respeitosos com seus companheiros de trabalho. Deixe que ajam do seu modo e tenha cuidado para não viajar demais em alguma tarefa.

- **A Geração X** – Aqueles nascidos entre 1964 e 1977. Pelo fato de muitos deles terem sido criados em situações uniparentais (mães solteiras ou divorciadas), também são conhecidos como a "geração da chave sob o capacho". Sentem-se muito confortáveis com os últimos *gadgets* e são extremamente ligados em tecnologia. Apesar de uma tendência a resistir à estrutura e atmosfera formal da maioria das organizações, eles possuem uma ética de trabalho equilibrada. Ficarão mais impressionados com o caráter dos seus líderes, portanto, não espere respeito só pelos seus títulos. Você precisa conquistá-los com seus atos – e não com palavras. Eles são cerca de 45 milhões nos EUA. Podem parecer meio brutos em seu modo de comunicação, entretanto, desejam apenas se divertir em seu ambiente de trabalho e nas atividades sociais.

- **A Geração do Milênio, ou Geração Y** – A expressão "a Geração do por quê?"* já diz tudo. Porém, de certa forma contrariando a crença popular, a Geração Y na verdade é gentil e respeita a autoridade. Mas, assim como seus correspondentes na Geração X, eles equilibram esse respeito com o desempenho, e não com o cargo. Consistindo em cerca de 70 milhões nos EUA, eles são orientados para a multiconexão e confiantes em si mesmos e em seu trabalho. Nascidos entre 1978 e 2000, conhecem a tecnologia de trás para frente e de dentro para fora. Exigem a interatividade em seu trabalho e atividades de aprendizagem. Anseiam por desafios e gostam de trabalhar em equipes.

Então vem a resposta de um milhão de reais: como podemos lidar com todas essas diferenças de estilo de aprendizagem em nossos programas?

Como supervisores, gerentes, instrutores, facilitadores, palestrantes e planejadores de eventos, como podemos nos assegurar de que estamos atendendo às necessidades de todos esses grupos tão diversos? Primeiro, e mais importante, simplesmente ao conhecer e reconhecer suas diferenças de estilo de aprendizagem e trabalho, você já estará um passo à frente da maioria.

Lembre-se de que, independentemente das diferentes faixas etárias presentes em suas apresentações, a era das "cabeças falantes" acabou. Ninguém quer ouvir mais um palestrante chato. Reconheça que todos temos capacidades de atenção limitadas, então o seu módulo típico de 60 a 90 minutos é longo demais sem nenhum envolvimento ou engajamento.

Como já aprendeu, você precisa incorporar algum tipo de atividade mental ou física a cada 5 ou 10 minutos para manter o interesse.

---

* N.T.: Referência ao som da letra Y em inglês, que se assemelha ao da pergunta "por quê?"

E não se esqueça de deixar bastante espaço (e tempo) para o *networking* – especialmente em conferências e seminários de grande escala. Considere a possibilidade de aumentar o intervalo típico de 15 minutos para 20 ou 30. E por que isso é tão importante? Além do óbvio, permite mais tempo para contatos com o escritório e consultas ao Blackberry e às mensagens de texto.

Além disso, se o seu programa envolve sessões concorrentes, isso permite um tempo de equalização nas situações em que o palestrante/facilitador anterior se estendeu além da conta em seu tempo. Por fim, isso dá mais tempo para o contato e a troca social, que é importante para qualquer geração.

Preparar, Apontar, Ação!

Envolva os seus participantes. Tire o foco de si mesmo e coloque-o sobre eles. Encontre maneiras criativas de envolvê-los. Esse é exatamente o assunto deste livro.

O desejo pela ação é um dos sentimentos mais básicos dentro de cada um de nós – e encorajar os membros da equipe a assumir um papel ativo não apenas atende aos seus desejos, como também é altamente energizador e motivador. Deixe que eles brilhem, e capitalize sobre as experiências e especialidades deles.

Como já sugerimos, as plateias de hoje em dia são mais jovens, mais espertas, muito mais sofisticadas e querem ser entretidas, e não apenas instruídas. Enquanto não reconhecermos que as pessoas possuem estilos diferentes de aprendizagem, estaremos simplesmente cometendo injustiças com nossos alunos. E uma coisa que todos temos em comum é que todos queremos encontros que sejam relevantes e atuais e que façam bom uso do nosso tempo. Então, certifique-se de que suas apresentações sejam ágeis, divertidas e cheias de informação. É uma exigência imensa, mas necessária!

E aí, Beleza?
(Versão de *Feedback* Verbal)

OBJETIVOS
- Resumir no intervalo de metade do período.
- Identificar que participantes estão colhendo alguma coisa dos novos conceitos ou aprendizagens.

Material:
Nenhum.

Tempo:
15 a 20 minutos.

Instruções

Cerca de 10 a 15 minutos antes do intervalo da manhã/tarde, peça aos membros do grupo que se unam a um amigo ou colega e rapidamente perguntem um ao outro: "Que novos conceitos ou ideias você aprendeu até agora?"

Dê 2 ou 3 minutos para a discussão e depois peça que as duplas se juntem a outras duplas, formando novos grupos de quatro pessoas cada. Refaça o mesmo pedido para que eles comparem e partilhem o que aprenderam.

Por fim, cada grupo deve reportar-se à plateia em geral, partilhando um ou dois conceitos ou ideias-chave que tenham aprendido.

Dica

Este exercício é direcionado para encontros de meio período ou maiores.

Questões para Discussão

1. Quando você revisou suas anotações ou a memória, alguma coisa saltou aos olhos?
2. Quando você discutiu os pontos aprendidos com o(s) seu(s) colega(s), foram sugeridas ideias totalmente diferentes das suas?
3. Você percebeu que algum colega trouxe ideias que nem tinham sido discutidas durante a apresentação?
4. Como você poderia usar esta atividade em seu escritório ou ambiente de trabalho?

E aí, Beleza?
(Versão de *Feedback* Visual)

OBJETIVOS
- Resumir no intervalo de metade do período.
- Identificar que participantes estão colhendo alguma coisa dos novos conceitos ou aprendizagens.

Materiais:
Cópias do material *E aí, Beleza?* (a seguir).

Tempo:
15 a 20 minutos.

Instruções

Cerca de 15 a 20 minutos antes do intervalo da manhã/tarde, peça que o grupo reflita sobre que novos conceitos ou ideias eles aprenderam até aquele ponto. Explique que você os convidará a revisar e registrar alguns conceitos e ideias do seminário/reunião, anotando-os num papel – não apenas ouvindo sobre eles, mas documentando-os de uma forma mais criativa.

Distribua o material para cada participante. Explique que eles devem transformar aqueles rabiscos em imagens, histórias ou conceitos que representam o que aprenderam. Se necessário, permita que eles utilizem as anotações feitas durante a apresentação para ativar sua memória. Isso é simplesmente uma forma divertida e agradável de estimular e aprimorar o processo da memória.

Conte 5 a 7 minutos e então peça aos participantes que se juntem com outra pessoa e partilhem seus rabiscos reestruturados.

Dica

Este exercício é direcionado para encontros de meio período ou maiores.

Eu Queria Tanto...

OBJETIVO
• Ajudar na identificação de áreas potencialmente problemáticas em uma organização.

Material:
Nenhum.

Tempo:
10 a 15 minutos.

Instruções

Para ser usado quando se conduz entrevistas pessoais, sejam formais ou informais, com colegas. Pergunte se eles possuem uma lista de desejos para seu trabalho. Pergunte se eles mudariam alguma coisa sobre seu trabalho, se pudessem. E o que seria?

Faça anotações durante a discussão e continue até revelar – ou descobrir – aquelas áreas que parecem necessitar de atenção ou cuidado imediatos.

Dica

Esta atividade deve ser realizada numa atmosfera de confiança e abertura. Certifique-se de que os participantes percebam que não se trata de nenhuma "caça às bruxas", mas sim, de um esforço sincero para entender como esses itens podem ser melhorados. Forme grupos de três ou menos.

Questões para Discussão

1. Do que você mais gosta no seu emprego?
2. Se você fosse rei ou rainha por um dia, o que mudaria na empresa? E no seu trabalho?
3. O que poderia ser feito para tornar seu trabalho mais fácil? E mais produtivo?
4. Que recursos adicionais você poderia utilizar?

A Ação Fala Mais Alto do que as Palavras

> **OBJETIVO**
> • Demonstrar que as "ações valem mais do que as palavras!"

Materiais:
Nenhum.

Tempo:
1 minuto.

Instruções

Todos conhecemos o ditado "ações valem mais do que as palavras". Diga ao grupo que você vai demonstrar isso a eles.

Peça aos participantes que estiquem o braço direto para o lado direito do corpo, paralelamente ao chão (enquanto você faz o mesmo). Peça que eles façam um círculo com o indicador e o polegar, enquanto mantêm o braço esticado – como você demonstra.

Então, trazendo o círculo do indicador e do polegar até a sua bochecha, diga ao grupo para encostar o indicador e o polegar em seus próprios queixos. (Ou seja, você os instruiu a fazerem algo diferente do que demonstrou.)

Observe os resultados. A maioria dos integrantes do grupo seguirá obedientemente o seu exemplo, levando os dedos às suas bochechas.

Após um segundo – e enquanto algumas pessoas riem –, diga simplesmente: "Opa, isso é a bochecha, não é o queixo! Não façam o que eu faço; façam o que eu digo. Ações valem mais do que palavras".

Questões para Discussão
1. Como sua equipe desenvolveu sua estratégia de recolher informação?
2. Vocês se surpreenderam ao perceber que os outros tinham conhecimentos sobre o seu assunto de pesquisa?
3. Você poderia usar essa mesma abordagem para captar alguma informação ou histórico de outras pessoas em seu trabalho?

Lidando com a Mudança

OBJETIVO
- Ilustrar que a mudança é um elemento diário de nossos trabalhos, e que podemos claramente usar o que aprendemos com essas situações no futuro.

Materiais:
Cópias do material *Lidando com a Mudança* (a seguir).

Tempo:
15 a 20 minutos.

Instruções

Reconheça que a mudança é o "segredo do negócio" para todos nós. Porém, frequentemente falhamos em usar nosso conhecimento adquirido como uma ferramenta para lidar com as experiências futuras. Dê a cada participante uma cópia do material e forme equipes de três ou quatro integrantes. Peça-lhes que pensem em uma mudança recente que experimentaram em seu ambiente de trabalho. Dê a eles 2 a 3 minutos para preencherem o formulário e então peça que partilhem suas experiências com os outros membros da equipe. Após 5 a 10 minutos de discussão, peça que voluntários contem suas histórias para as demais equipes.

Questões para Discussão

1. A maioria de vocês pensou em um exemplo recente de mudança que afetou vocês, pessoal ou profissionalmente?
2. Na maioria das vezes, você e seus colegas tiveram inicialmente a tendência de resistirem à mudança?
3. Como discutido na última pergunta do material (o que poderia facilitar?), quantos de vocês concordam que a comunicação – ou melhor dizendo, a falta dela – era a questão principal?
4. Quais eram os demais fatores?

Destaques do Capítulo

Este capítulo traz um panorama das maiores diferenças estruturais e funcionais nos cérebros masculino e feminino e como essas diferenças se expressam em nossas vidas.

Por eras incontáveis, temos reconhecido, contemplado e por vezes até mesmo celebrado o fato de homens e mulheres serem diferentes – nenhuma surpresa quanto a isso.

Ainda assim, até o final da década de 80, os cientistas tinham a tendência a centrar seus estudos principalmente na exploração do cérebro masculino, assumindo que os cérebros de homens e mulheres eram iguais (exceto durante a gestação). É claro que eles tinham uma explicação válida e racional para se centrarem primariamente no estudo do cérebro masculino. Uma das maiores razões era que, antes das tecnologias não invasivas de mapeamento cerebral, havia maior oferta de cérebros masculinos. Em seus primórdios, a neuroanatomia (estudo sobre o funcionamento do cérebro) costumava utilizar os cérebros de soldados que tinham perdido a vida em combate.

Mais recentemente, graças às tecnologias de ponta de mapeamento do cérebro, os pesquisadores são capazes de observar em tempo real a intrigante atividade de cérebros, tanto masculinos quanto femininos. Na verdade, uma das descobertas mais fascinantes foi que, quando uma tarefa idêntica é designada para homens e mulheres, áreas diferentes do cérebro são ativadas. De acordo com a Dra. Louann Brizedine, em seu livro *O Cérebro Feminino*: "É comprovado, o código genético de homens e mulheres pode ser 99% igual, mas aquele 1% influencia cada célula do nosso corpo – dos nervos que registram prazer e dor aos neurônios que transmitem percepção, pensamentos, sentimentos e emoções".

Então, aparentemente, não existem abordagens unissex para a química cerebral (exceto durante as oito primeiras semanas da concepção). Em geral, se você der um caminhãozinho para uma menina brincar, ela vai dar colo, ninar e cantar carinhosamente para ele dormir. Dê uma boneca para um menino e, se ela for de um tamanho apropriado (ou mesmo se não for), muito em breve estará sendo lançada na cesta de basquete mais próxima, ou usada para cavar, construir estradas, e mesmo lutar

Discutir essas dessemelhanças nos permitirá avaliar como elas afetam nossos comportamentos cotidianos e as interações entre os sexos. Novamente, enfatizamos que essas diferenças em alguns traços são baseadas na média da população. Muitos comportamentos sociais masculinos e femininos são aprendidos. Para comprovar, basta lembrar que todos conhecemos muitos homens sensíveis, assim como muitas mulheres que odeiam estar erradas.

Tabela 7.1 Diferenças estruturais básicas entre os cérebros masculino e feminino.

	Mulheres	Homens
Tamanho do cérebro	Menor – 1,2kg (do mesmo tamanho que um cérebro de meia-idade)	Maior – 1,5kg (encolhe mais rápido do que nas mulheres a partir da adolescência)
Matéria cinzenta (corpos celulares no centro de processamento de informação)	Porcentagem mais alta do que nos cérebros masculinos com a mesma quantidade nos dois hemisférios	Porcentagem mais baixa do que nas mulheres, com maior concentração no hemisfério esquerdo do que no direito.
Matéria branca (fibras nervosas que interligam os centros de informação)	Porcentagem mais baixa do que nos homens	Porcentagem mais alta do que nas mulheres
Corpo caloso (fibras nervosas que permitem a comunicação entre os dois hemisférios)	Maior e mais denso do que nos homens	Menor e mais fino do que nas mulheres
Áreas da linguagem (fala e contexto de linguagem)	Áreas principais no hemisfério esquerdo, com áreas de processamento adicionais no hemisfério direito; maior densidade de neurônios na área da linguagem do que os homens	Localizadas quase que exclusivamente no hemisfério esquerdo; menor densidade de neurônios na área da linguagem do que as mulheres
Amígdala (resposta a estímulos emocionais)	Cresce mais lentamente em meninas adolescentes do que nos meninos, e o tamanho final é menor que nos homens; somente a amígdala esquerda é ativada pela estimulação emocional; a ativação está ligada às áreas de resposta verbal	Cresce mais rápido em meninos adolescentes do que nas meninas, e o tamanho final é maior do que nas mulheres; somente a amígdala direita é ativada pela estimulação emocional; a ativação está ligada às áreas de resposta motora/física
Hipocampo (centro do aprendizado, formação e consolidação da memória)	Cresce mais rapidamente em meninas adolescentes do que nos meninos, e o tamanho final é maior do que nos homens	Cresce mais lentamente em meninos adolescentes do que nas meninas, e o tamanho final é menor do que nas meninas

Adaptado de *Como o Cérebro Aprende*, de David A Souza, 2006, p. 173.

Tabela 7.2 Diferenças funcionais entre homens e mulheres.

Mulheres	Homens
Interrompem para esclarecer ou apoiar os outros	Interrompem para introduzir novas informações
Possuem maior capacidade de atenção	Possuem menor capacidade de atenção
Formam organizações informais	Formam organizações hierárquicas
Interessam-se mais por pessoas	Interessam-se mais por objetos
São mais lentas para se enfurecer	Enfurecem-se mais facilmente
Ouvem emotivamente	Ouvem literalmente
Envolvem seus centros de linguagem para resolver problemas matemáticos	Usam somente o hemisfério esquerdo para resolver problemas matemáticos
Preferem sabores doces – chocólatras	Preferem os sabores salgados – cervejeiros
Exigem menos espaço	Exigem mais espaço
Usam mais contato visual	Usam menos contato visual
Mais sensíveis ao toque	Menos sensíveis ao toque
Reagem mais rapidamente à dor	Reagem mais lentamente à dor
Aguentam melhor as dores prolongadas	Não aguentam tão bem as dores prolongadas
Não se importam de cometer erros	Odeiam estar errados
Buscam cooperar	Buscam competir
Discutem os relacionamentos	Discutem coisas e atividades
Quando estressadas, falam com os outros	Quando estressados, falam sozinhos
Revelam abertamente suas emoções	Escondem suas emoções
Pele extremamente sensível	Pele relativamente grossa e insensível

Visão

As mulheres possuem maior capacidade visual do que os homens. A percepção visual nas mulheres envolve os dois hemisférios, enquanto nos homens somente o hemisfério direito é ativado. As mulheres são especialmente hábeis com a visão periférica. São capazes de manter até 180º de visão periférica, o que significa que podem ver eventos que acontecem ao seu redor sem precisar mover a cabeça.

É por isso que as mulheres são mais inclinadas a se envolver em acidentes de carro nos quais são atingidas por trás ou pela frente (ou quando estão fazendo a "baliza") do que vindos dos lados.

E ela diz: "Por que tudo sempre vem antes de mim e das minhas necessidades?"

E ele diz: "Cooooomo? Pensei que você ia ficar contente de eu ter planejado cuidar do gramado!"

E ela responde: "Bom, sim, mas você não cuidou do gramado cinco anos atrás quando precisava. E o Chuck nunca o ajuda com nenhum dos seus projetos. E você nunca terminou de construir um único aviãozinho. Com certeza, espero que quando a Chrissy venha nos visitar no mês que vem você tenha mais consideração pelos meus sentimentos".

Ele pode estar atordoado, mas essa conversa faz todo o sentido para sua esposa, cujo cérebro de superautoestrada acabou de fazer inúmeras conexões entre memórias do passado, todas elas conectadas com emoções. Algo muito diferente da abordagem compartimentalizada usada por ele.

Veja como funcionou o cérebro da esposa:

"Cinco anos atrás, o gramado também precisava de cuidados, e durante três semanas eu pedi que ele fizesse isso. Aquele gramado fazia a frente da casa parecer uma selva! Eu convidei minha amiga, Mary Helen, para nos visitar, e ela nunca tinha vindo à nossa casa. Eu queria que tudo estivesse lindo. Mas ele cuidou do gramado? NÃO! Todo fim de semana ele tinha algo planejado. O pai dele queria ir pescar – e ele nem gosta de pescar! O Chuck queria que ele ajudasse com o carro. Além do mais, ele ainda decidiu arrumar um novo *hobby*, construindo aviõezinhos de madeira, imagine só? E teve que fazer o ÚNICO curso que existia pelos próximos seis meses. Quando Mary Helen chegou, o gramado estava tão feio, que era como se ele gritasse: 'Veja, estou aqui! Sou feio, feio, feio! Eu represento o quão pouco ele realmente se importa com sua esposa'. Sim, todo mundo e tudo vem antes de mim. E a Chrissy vem nos visitar no mês que vem – é melhor que ele cuide logo do gramado".

Habilidades e tarefas

Pelo fato de os cérebros de homens e mulheres serem fisicamente estruturados de formas diferentes, e porque às vezes eles até mesmo usam áreas diferentes do cérebro para realizar as mesmas ta-refas, não deveria ser surpresa alguma que também existam diferenças de capacidade na realização de certas tarefas e habilidades (ver Tabela 7.3).

Tabela 7.3 Diferenças de gênero na realização de habilidades e tarefas.

Mulheres	Homens
Habilidades verbais gerais	Raciocínio matemático geral
Memória visual	Memória auditiva
Soletrar	Raciocínio espacial em 3D
Fluência na produção verbal	Vocabulário operacional
Coordenação motora fina	Habilidades focadas
Lembrança de marcos	Leitura de mapas
Língua estrangeira	Jogar xadrez
Leitura de linguagem corporal	Habilidades de resolução de problemas
Interpretação de expressões faciais	Melhor em formar hábitos
Testes computacionais	Melhor em ler plantas
Melhor percepção no lado vermelho do espectro de cores	Melhor percepção do lado azul do espectro de cores

Adaptado de *Brain-based Lerarning*, Eric Jensen, 2008, p. 34.

Em quase todos os livros e artigos escritos nos últimos anos sobre o assunto das diferenças de gênero, você vai encontrar algo dizendo que "as diferenças em habilidades e capacidades não se traduzem em desigualdade. Não estamos sugerindo ou apoiando a superioridade ou a inferioridade – apenas reconhecemos e apreciamos áreas de singularidade".

O propósito da distinção entre homens e mulheres não se destina a segregar ainda mais os sexos; ao contrário, serve para encorajar uma consciência e uma apreciação pela singularidade que cada um possui. Apenas por meio do reconhecimento, da compreensão e da aceitação, podemos aprender a respeitar e honrar essas diferenças e usar esta consciência para construir fundações sólidas para relacionamentos sadios.

MATERIAL

Desafio Cerebral nº 4

Decifre o significado oculto em cada item. Cada um deles descreve um ditado ou *slogan* conhecido.

1. RA I Z	**9.** ✝OLER✧N☾IA
2. H☺U R	**10.** U R B A N A
3. PASSO...OSSAPOSSAP	**11.** A**R**
4. CHUCANTANDOVA	
5. DDIINNÂÂMMIICCAA	**12.** ELOP
6. EUQEHC	**13.** VIVEZDA

7.
 P
  L
   A
    N
     O
	14.
	 QUE**X**TÃO

8.
        P
        A
        L
 LÍNGUA
        V
        R
        A
	15.
	 W☆RS
	 W☆RS
	 W☆RS

	16. IGUAL.........MENTE

MATERIAL

Desafio Cerebral nº 4 – Respostas

1. Raiz quadrada

2. Happy hour

3. Um passo à frente, dois passos atrás

4. Cantando na chuva

5. Dupla Dinâmica

6. Contracheque

7. Plano inclinado

8. A palavra está na ponta da língua

9. Tolerância religiosa

10. Expansão urbana

11. Ar comprimido

12. Pelo contrário

13. Uma vez na vida

14. O X da questão

15. Star Wars

16. Dividir igualmente

Percepções Masculino/Feminino

Objetivo
- Aumentar a consciência e a apreciação pelas habilidades e capacidades funcionais de homens e mulheres.

Materiais:
Papel, canetas, lápis, cópias de diferenças de gênero na realização de tarefas e habilidades (Tabela 7.3).

Tempo:
10 a 15 minutos.

Instruções

Forme equipes de cinco a sete participantes. Peça às equipes para listarem cinco a sete comportamentos, traços, habilidades ou capacidades nas quais eles percebam que os homens, em oposição às mulheres, são realmente bons. Depois, repita o mesmo para as mulheres. Explique que você não está sugerindo ou apoiando a superioridade ou a inferioridade – que está simplesmente reconhecendo e avaliando as áreas nas quais são demonstradas as singularidades. Depois que eles tiverem listado cinco a sete traços para as mulheres, distribua cópias da Tabela 7.3, da página 175. Peça às equipes que comparem suas listas com os resultados da pesquisa mostrados na tabela. Peça que discutam as descobertas.

Questões para Discussão

1. As habilidades e capacidades exclusivas de homens *versus* mulheres listadas pela sua equipe eram semelhantes às que fazem parte da tabela da pesquisa?
2. Em caso negativo, você se surpreendeu com isso? Você discorda?
3. Você ficou ofendido(a) por algum dos itens descritos? Em caso positivo, por qual deles?
4. Você acredita que algumas das habilidades e capacidades são percebidas como sendo positivas ou não?

Círculo da Inclusão

OBJETIVO
- Demonstrar como nossas atitudes e intenções podem afetar como abordamos, exploramos, compreendemos e apreciamos as diferenças nos outros.

Materiais:
Flip-chart, papel e pincéis atômicos para cada mesa; prendas suficientes para premiar os participantes em duas equipes (opcional).

Tempo:
20 a 30 minutos.

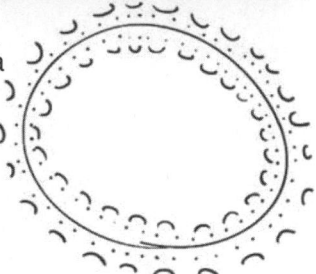

Instruções

Todos reconhecemos semelhanças e diferenças com aqueles que encontramos (em nosso ambiente de trabalho ou em nossas relações pessoais). Temos a tendência de identificar semelhanças com os outros como experiências positivas e as diferenças com os outros como experiências não tão positivas. Quando reconhecemos essas dessemelhanças/diferenças nos outros como sendo características únicas e distintivas, começamos a nos tornar mais tolerantes.

Divida o grupo em equipes de cinco a sete participantes. Peça que cada equipe escolha um líder/relator (se você precisar de um método de seleção imparcial, sugira que essa pessoa seja escolhida com base na data de nascimento que for mais próxima do dia de realização da atividade).

Peça aos líderes que desenhem um grande círculo em cada uma das folhas do *flip-chart*. Explique que serão duas tarefas e que a equipe vencedora de cada uma receberá prendas, baseado em quem tiver mais itens na lista.

A tarefa número um é identificar quais pontos/itens cada pessoa na equipe tem em comum – gostos, crenças e experiências semelhantes (exemplo: todos têm irmãs, todos visitaram Paris, todos gostam de comida gourmet) – e faça com que o líder anote essas semelhanças tão rapidamente quanto possível dentro do círculo. Conte de 4 a 5 minutos.

A seguir, para a tarefa número dois, peça que os participantes identifiquem quantas diferenças puderem, o mais rápido possível. Faça com que os líderes das equipes anotem essas diferenças do lado de fora dos círculos (exemplo: quatro pessoas gostam de espinafre e uma, não). Conte mais 4 ou 5 minutos.

Dica

Quanto maior o grupo, mais tempo vai ser preciso e mais difícil será a execução.

Questões para Discussão

1. Peça aos líderes das equipes que contem quantas semelhanças foram anotadas e deem dois ou três exemplos.
2. Identifique a equipe que teve mais semelhanças anotadas e peça que o líder diga qual foi o item mais incomum listado. (Opcional: distribua prendas para todos os membros dessa equipe.)
3. Peça aos líderes das equipes que contem quantas diferenças foram anotadas e deem dois ou três exemplos.
4. Identifique a equipe que teve mais diferenças anotadas e peça que o líder diga qual foi o item mais incomum listado. (Opcional: distribua prendas para todos os membros dessa equipe.)
5. Pergunte aos participantes o que eles acharam mais fácil de realizar – identificar as semelhanças ou as diferenças – e porque eles acham que foi assim.
6. Pergunte aos participantes: "Vocês acham que porque tiveram a oportunidade de serem premiados por identificar diferenças vocês estavam mais inclinados a encontrar essas diferenças e, por conseguinte, animados quando as encontraram?"
7. Pergunte se, na vida normal, eles são tão animados ou tolerantes quando descobrem que os outros possuem opiniões/valores/crenças diferentes das suas.
8. Por que será que conseguimos ser tão abertos e animados para identificar as diferenças durante essa atividade, mas não o fazemos na nossa vida cotidiana? Será que é por causa da promessa dos prêmios, do prazer da competição, ou é algo diferente?

Cara, Como Você Mudou!

Objetivo
- Demonstrar, de forma divertida, que a melhor abordagem para compreender a mudança é experimentá-la em primeira mão.

Materiais:
Nenhum.

Tempo:
5 a 10 minutos.

Instruções

Ao discutir os elementos da mudança, o Dr. Ken Blanchard, autor do famoso *Gerente Minuto*, nos mostra que experimentar a mudança de um ponto de vista pessoal nos ajuda a entender o conceito da mudança no nível profissional.

Solicite aos membros do grupo que se levantem para encontrar um novo amigo – alguém que não conhecem e com o qual ainda não trabalharam.

Peça que se apresentem e analisem, em um instante, a aparência de seu novo companheiro. Depois, peça que virem suas costas um para o outro e, sem que seu novo amigo seja capaz de vê-lo, mude três coisas em sua aparência – troque a etiqueta com o nome para o outro lado do peito, mude o relógio para o outro pulso etc.

Espere 1 ou 2 minutos e então peça que se voltem para o parceiro novamente. Espere cerca de 2 minutos para ver se o parceiro é capaz de identificar todas as mudanças que foram feitas.

Então, peça que eles se sentem para responder às seguintes perguntas:

Questões para Discussão

1. Quando solicitados para mudar três coisas, quantos de vocês tiveram dificuldade em mudar pelo menos três coisas? (Dica: ao iniciar ou promover a mudança, não tente fazer tudo de uma vez só – em vez disso, escolha uma ou duas coisas e assimile-as, antes de seguir em frente.)
2. Quando foi pedido que mudassem três coisas, quantos de vocês quase que instintivamente retiraram ou removeram alguma coisa? (Dica: a mudança não precisa ser negativa – algo pode ser adicionado ao invés de retirado.)
3. Agora que estão sentados confortavelmente como estavam alguns minutos atrás, quantos de vocês, neste momento, são exatamente iguais ao que estavam – isso é, a etiqueta voltou para o lado certo, a gravata foi ajustada etc.? (Dica: a mudança leva tempo. Você pode "jogar o jogo" por alguns minutos, mas a teoria do comportamento humano sugere que pode levar semanas ou meses antes que a mudança seja totalmente assimilada.)

Feito para Ficar

OBJETIVO
- Demonstrar como a aplicação de alguns princípios pode envolver o cérebro, melhorar a aprendizagem e a memória e trazer à tona novas ideias e ideias práticas.

Materiais:
Cópias do material *Feito para Ficar* (a seguir).

Tempo:
20 a 30 minutos.

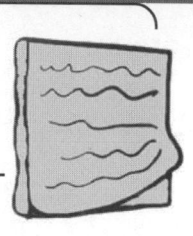

Instruções

No livro *Made to Stick*, de Chip e Dan Heath, os autores abordam as questões de por que algumas ideias prosperam enquanto outras morrem, e como podemos melhorar as chances de ideias promissoras. Seu livro aclamado segue descrevendo os métodos que se deve incorporar para assegurar que uma ideia "cole".

Essas seis dicas simples e utilizáveis são o que os autores acreditam que todas as boas ideias têm em comum para conseguir atenção e respostas favoráveis para nossas ideias:

1. Simplicidade.
2. Imprevisibilidade.
3. Concretude.
4. Credibilidade.
5. Emoções.
6. Histórias.

Dê a cada participante uma cópia do material e repasse os seis princípios listados. Peça que eles selecionem um projeto no qual estão trabalhando atualmente e escrevam sua ideia ou conceito no topo da folha. Dê 5 a 10 minutos para que os participantes, trabalhando individualmente, apliquem quantos dos seis princípios puderem à sua ideia. Então, peça que eles trabalhem com um outro colega, em busca de mais ideias. Dê outros 5 a 10 minutos.

Questões para Discussão
1. Quantos dos princípios você usou?
2. Essas questões despertam novos pensamentos em você?
3. Alguém poderia nos dizer como usaram isso?
4. Será que as mesmas questões poderiam ser aplicadas em outra área do seu trabalho – ou mesmo em sua vida pessoal?

MATERIAL

Feito para Ficar

Em seu livro campeão de vendas *Made to Stick*, os autores Chip e Dan Heath sugerem que usemos seis princípios básicos para obter atenção para nossas ideias e respostas positivas quanto aos nossos projetos.

Descreva sua ideia ou projeto:

_____

_____

Leia os princípios a seguir e anote qualquer ideia que poderia ajudá-lo(a) materialmente a "vender" a sua ideia a outras pessoas.

1. Simplicidade: Qual é a ideia básica, em sua forma mais simples? Do que você deseja que os outros se lembrem?

_____

_____

2. Imprevisibilidade: Experimente algo novo e diferente. Surpreenda ou desconcerte-os. Descreva uma ideia estranha que capturou sua atenção.

_____

_____

3. Concretude: Ofereça algumas ideias sólidas sobre o seu projeto. Traga alguns testemunhos e outras coisas que as pessoas podem se apegar e venda seus benefícios.

_____

_____

MATERIAL

4. **Credibilidade:** A ideia faz sentido aos seus olhos? É crível? Dê alguns argumentos para mostrar que a melhor maneira de se abordar aquele desafio é a sua.

   _____
   _____

5. **Emoções:** Lembre-se de que as pessoas geralmente compram por causa de uma resposta emocional, não necessariamente baseada em pensamentos racionais. Como sua ideia faz as pessoas se sentirem? Jogue com as emoções.

   _____
   _____

6. **Histórias:** As pessoas adoram histórias. Dê alguns exemplos de como sua ideia funcionou em outras situações. Ilustre tanto quanto possível.

   _____
   _____

8

Boa Forma Cerebral Total: Aprimore e Enriqueça o Funcionamento Cerebral

Suas escolhas de estilo de vida e comportamento podem influenciar o encolhimento cerebral na velhice. Basicamente, se você começa em boa forma, mantém áreas importantes do seu cérebro envolvidas em aprendizagem e memória.

Kirk I. Erickson, Ph.D.

Destaques do Capítulo

Este capítulo traz uma visão geral de algumas sugestões recentes de "boa forma cerebral" para nutrir, estimular e proteger o órgão inestimável que chamamos de cérebro.

Quem não deseja um corpo mais forte, sadio e flexível? Nas últimas quatro décadas, livros e revistas têm despejado informação sobre o que comer e o que não comer para reduzir as gorduras, aumentar a massa muscular, ganhar e manter o peso ideal. Os fabricantes de equipamentos de boa forma estão o tempo todo lançando novos produtos que nos ajudam a nos manter em forma, com boa aparência e beleza. Empresas de vitaminas, minerais e suplementos alimentares nos avisam sobre muitas substâncias tóxicas que precisamos evitar, ao mesmo tempo em que promovem vitaminas, minerais e fitoterápicos. Empresas farmacêuticas continuam a desenvolver drogas que ajudam nossos tecidos, diminuam a dor e fazem crescer o cabelo. Todos esses produtos, programas e inovações apareceram no mercado baseados no desejo do consumidor de preservar, proteger e aprimorar seus corpos (ou, às vezes, sua imagem ou sua vaidade!).

Agora, graças à dedicação de nossos produtivos especialistas científicos, médicos e de saúde, fomos presenteados com um desejo por maior longevidade. De 1990 a 2007, a expectativa de vida aumentou de 45 para 78 anos. Então, agora temos de nos concentrar em adicionar a qualidade a esses anos a mais, cuidando e protegendo esse órgão precioso que amplia, modela e sustenta todas as habilidades humanas.

Infelizmente, alguns pesquisadores preveem que aproximadamente 70% das pessoas podem eventualmente enfrentar sofrer algum declínio em suas capacidades cognitivas. Porém, outros sustentam um prognóstico mais positivo para nossa saúde mental. Com a maior quantidade e um número sempre crescente de pessoas acima dos 65 anos, há uma nova exigência para que os pesquisadores compreendam melhor como manter um cérebro saudável – porque chegamos à firme decisão de que uma expectativa de vida mais alta sem o correspondente na saúde mental seria algo bastante trágico.

Presentes para o seu cérebro

A seguir, oferecemos um resumo de diversas estratégias de boa forma cerebral (presentes para o seu cérebro), baseadas em recomendações dos mais proeminentes especialistas em saúde do cérebro. Não sugerimos que você tente mudar muitas coisas de uma só vez. Teste uma, experimente outras, divirta-se com as demais – mas não importa o que você faça, nutra, cuide, estimule e expanda seu cérebro. Seguindo apenas algumas dessas recomendações, você aumentará a probabilidade de contar com um cérebro mais afiado, mais esclarecido, mais alerta e mais flexível. Junte-se à revolução da boa forma cerebral!

Observação: Recomendamos que você consulte um médico especialista antes de iniciar qualquer regime ou dieta para manter a forma.

O presente da caminhada, corrida, salto, pulo etc.

O exercício físico, como já sabemos há tempos, faz bem ao corpo. Mas agora se descobriu que temos um motivo a mais para corrermos sobre aquela esteira ou sairmos para aquela caminhada acelerada. Parece que aumentar a atividade cardiovascular também aumenta o número de capilares no cérebro. Isso, por sua vez, aumenta o fluxo sanguíneo e a quantidade de oxigênio e glicose (alimento) levado até as células cerebrais. De acordo com o Dr. John Medina, autor de *Aumente o Poder do seu Cérebro*: "Uma vida de exercícios pode resultar por vezes numa elevação impressionante no desempenho cognitivo, comparando-se com aquelas pessoas que são sedentárias. Os ativos superam os sedentários em testes que medem a memória de longo prazo, o raciocínio, a atenção, a resolução de problemas e até mesmo nas chamadas tarefas de inteligência fluida". As pesquisas indicam que caminhadas puxadas três vezes durante a semana podem aumentar sua capacidade cerebral em 15%.

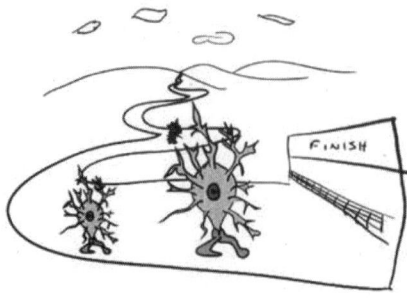

Foi descoberto, algum tempo atrás, que o hipocampo (associado com a memória e o aprendizado) encolhe com a idade. Porém, um novo estudo revelou que indivíduos que são mais fisicamente ativos tendem a ter também um hipocampo mais desenvolvido.

Quanto maior o hipocampo, melhor a memória espacial. De acordo com Erickson: "Isso é uma descoberta realmente significativa clinicamente, porque sustenta a ideia de que o seu estilo de vida e suas escolhas e comportamentos influenciam o encolhimento do cérebro na velhice. Basicamente, se você se mantém em forma, mantém saudáveis regiões importantes do cérebro envolvidas na memória e na aprendizagem".

Além disso, a atividade física regula o apetite, reduz o risco de inúmeros tipos de câncer, melhora o sistema imunológico, protege contra o estresse e diminui o risco de doenças cardíacas, derrames e diabetes. E temos mais boas notícias: o exercício causa a liberação de neurotransmissores (serotonina, dopamina e norepinefrina), que têm um efeito poderosamente positivo no humor e na saúde mental em geral. Realizar apenas 30 minutos de exercícios aeróbicos duas vezes por semana pode diminuir o risco de demência geral em 50% e reduzir o risco de Alzheimer em 60%.

Todos esses benefícios potenciais apenas com 30 minutos de exercícios cardiovasculares duas ou três vezes por semana! Então, por que não dar ao seu cérebro um presente duradouro – vá caminhar, correr, pular e saltar!

O presente do sono

Dormir – isso consome aproximadamente um terço de nossas vidas, e, ainda assim, os cientistas não estão decididos sobre por que exatamente nós dormimos. Os especialistas no estudo do sono sabem que dormir não é uma oportunidade para nosso cérebro tirar uma soneca, já que há mais atividade sináptica durante o sono do que quando um indivíduo está totalmente acordado. De fato, parece que o único momento nos cinco estágios do sono em que o cérebro realmente descansa é durante o ciclo que não envolve o sono REM (somente 20% do total de 90 minutos do ciclo do sono). O que os pesquisadores concordam é que o sono parece ser um tempo para reorganizar, codificar, rearrumar e repassar os estímulos aos quais fomos expostos durante a vigília. Como a informação é codificada em nossa memória de longo prazo durante o sono REM (de "movimento rápido dos olhos", em inglês), uma boa noite de sono pode melhorar o processo de aprendizagem consideravelmente. Ao contrário, esse valioso processo de armazenamento da memória pode ser prejudicado pelo sono inadequado.

Da mesma forma, são afetados pela falta de sono a atenção, a prontidão (32% de redução na prontidão para cada 1 hora e meia de sono perdida), a memória de curto prazo, o humor, o raciocínio lógico, o sistema imunológico, as funções executórias e as habilidades motoras (o sono insuficiente duplica o risco de acidentes de trabalho). Os possíveis efeitos de longo prazo da perda de sono incluem o aumento da pressão arterial, ataques e defeitos cardíacos, derrames, depressão e distúrbios mentais, incapacidade mental, problemas de relacionamento e obesidade.

Quanto de sono seria o adequado? A resposta para essa pergunta permanece desconhecida. Parece não haver um número de horas de sono para todos em geral. Seu horário de sono ideal deve ser descoberto num processo de autoidentificação baseado em como você se sente e em como atua. Não se surpreenda se o seu horário ou suas exigências pessoais de sono mudarem durante diferentes estágios da sua vida – isso é um ajuste normal do corpo e do cérebro.

Você precisa tirar um cochilo? Ainda bem que os cochilos não são apenas para os preguiçosos. Pode não haver um padrão universalmente aceito sobre a quantidade de horas que precisamos dormir todas as noites, mas quando se trata de fechar os olhos um pouco, existe um impulso biológico universal: o cochilo. Às vezes, durante a tarde, todos experimentamos uma grande sonolência. Esse desejo de dormir é produto da evolução humana. Estudos provaram que os cochilos, entre 15 e 45 minutos, podem aumentar significativamente a produtividade e o desempenho cognitivo. Baseado no desejo de dormir, você pode querer repensar quando vai agendar aquele palestrante caríssimo e rever meticulosamente o orçamento.

Dicas para uma noite de sono saudável

- Mantenha um horário de sono: até mesmo dormir uma hora mais tarde nos fins de semana pode perturbar seu relógio interno e, com isso, afetar seu ciclo de sono.
- Evite o álcool próximo das horas de sono: você pode até cair no sono mais facilmente, mas vai acordar muitas vezes durante a noite. O álcool atrapalha os padrões do sono.
- Evite bebidas com cafeína antes de dormir: a cafeína leva 14 horas para deixar o seu corpo. A cafeína aumenta o tempo necessário para se pegar no sono, perturba o sono e diminui sua duração.

- Evite a nicotina: ela prejudica a qualidade do sono e inibe a habilidade de dormir profundamente.
- Silêncio e escuro: luzes brilhantes e barulho atrapalham o ciclo do sono. Use uma luz suave – e tampões de ouvido, se necessário.
- Exercício: termine seus exercícios pelo menos 3 horas antes de dormir.
- Não assista ao telejornal noturno: os programas de notícias geralmente privilegiam as notícias negativas, e esse tipo de estímulo antes do sono deve ser evitado.
- Desenvolva uma rotina de relaxamento: isso prepara sua mente, seu corpo e seu espírito para o sono – leitura, banho quente ou música suave.
- Reserve seu quarto para o SS: sono ou sensualidade – nada de TV!
- Nada de animais domésticos no quarto: seus animais possuem ritmos de sono diferentes. Presenteie-os com suas próprias camas – e guarde a sua para você.
- Cochilos: FAÇA ISSO, a não ser que você tenha dificuldade de dormir à noite.
- Nada de relógios visíveis: ponha o relógio do outro lado do quarto e vire-o para o outro lado. Ver as horas traz você para o estado de prontidão.

O presente do equilíbrio e da harmonia

Presentear seu cérebro com equilíbrio e harmonia exige cuidar do cérebro – promover, encorajar e sustentar a saúde, o desenvolvimento e o bem-estar desse órgão vital. Esse equilíbrio e harmonia, porém, não vêm sem esforço. Em nossa cultura acelerada, temos de fazer um esforço consciente e concentrado para atingir o equilíbrio e a harmonia. O estresse, obviamente, é o adversário mais comum e feroz da paz e da tranquilidade que nosso corpo e nosso cérebro anseiam tanto.

Certamente, nem todo estresse é "mau". Desde a época das cavernas, nossos cérebros/corpos foram equipados com um mecanismo automático único e fantástico para responder ao perigo e às ameaças – chamado de "resposta ao estresse". Ele tem servido à humanidade como sistema protetor ao preparar nossos cérebros e corpos para enfrentar ameaças urgentes e perigos percebidos em nosso ambiente. Sem isso, provavelmente não teríamos sobrevivido como espécie. Ele era disparado em nossos antepassados quando aqueles terríveis predadores saltavam na frente deles, e é disparado em nós, atualmente, quando o motorista do carro da frente pisa repentinamente nos freios, ou quando ouvimos passos inesperados atrás de nós.

Vamos dar uma olhada mais próxima nas funções de resposta ao estresse em nosso corpo. Primeiro, você percebe a ameaça em nosso ambiente, por meio de um ou mais de nossos órgãos sensoriais (olhos, ouvidos, tato, paladar). Depois, nosso sistema nervoso central é alertado e ativa uma série de reações hormonais através do nosso corpo: as adrenais liberam adrenalina, o hipotálamo libera o Fator ou Hormônio Liberador das Corticotrofinas (CRF), a pituitária libera corticotrofinas, o córtex adrenal libera glucocorticoides e cortisol. Seu corpo responde a essa inundação de hormônios desviando a energia, na forma de sangue e glicose, dos seus sistemas digestivo e imunológico para os grandes grupos musculares. Seus batimentos cardíacos aumentam, seus músculos se retesam, sua pressão arterial aumenta e sua respiração se acelera. Essa fantástica sequência de eventos acontece com o propósito de preparar seu corpo para um dos três: Congelar, Lutar ou Fugir.

Observação: O sistema de resposta corporal ao estresse reage da mesma forma para uma ameaça percebida ou real. Em outras palavras, é o fato de você acreditar que tem ou não o controle sobre as circunstâncias que vai determinar se aquele é ou não um evento estressante, e seu corpo vai reagir de acordo com isso. É muito importante entender o seguinte: o estresse está, na verdade, nos olhos do observador.

Então, há boas e más notícias. As boas notícias são que esse incrível sistema de resposta ao estresse se manteve ao longo de toda a nossa evolução; e as más notícias são que ele era, e ainda é, destinado a ser ativado apenas em curtos períodos de tempo. Isso é má notícia porque, em nossas vidas sobrecarregadas de trabalho e de afazeres, temos a tendência de deixar o botão de estresse "ligado" muito mais do que o necessário. E seu cérebro e seu corpo reagem da mesma forma diante dos estresses que ameaçam a sua vida (eventos físicos) ou das pressões do dia a dia (eventos psicológicos). Perceba que essas aparentemente inocentes ansiedades cotidianas (aquele mal-entendido com sua namorada, as contas atrasadas, a notícia de futuras demissões) ativam a mesma resposta ao estresse que aquela figura sinistra, sombria, seguindo-o num beco escuro e deserto.

Os botões do estresse ligados aumentam os níveis de cortisol, o que causa estresse de longo prazo, que pode levar a severas consequências em sua saúde. Psicologicamente, os níveis altos de cortisol eventualmente levam a danos e destruição das células nervosas, comprometem a efetividade da barreira hematoencefálica (permitindo que toxinas entrem no cérebro), aumentam os radicais livres e reduzem o tamanho do hipocampo (formação da memória). A comunidade médica já sabe faz tempo que o estresse duradouro ou crônico pode resultar em problemas de saúde devastadores: aumento da pressão arterial, distúrbios do sono, depressão, obesidade, doenças cardíacas, problemas digestivos, eczema e perda de memória, conjugada com a incapacidade de gerar novas memórias.

Os resultados de um estudo recente na Universidade da Califórnia, em Irvine, trouxe a primeira evidência de que mesmo o estresse de curto prazo pode ter os mesmos efeitos daninhos que o estresse de longo prazo, incluindo a perda de comunicação celular no hipocampo (sede da aprendizagem e da memória). A importância de gerenciar nosso nível de estresse está se tornando mais e mais evidente.

Fatores de estresse. Todos passamos por fatores internos e externos de estresse. Exemplos de fatores externos de estresse são problemas familiares, preocupações financeiras, problemas relacionados ao trabalho, problemas de relacionamento, níveis de barulho e outras mudanças de vida de grande expressão (ver Tabela 8.1). Os fatores internos de estresse incluem a atitude, expectativas irreais quanto aos outros e expectativas irreais quanto a nós mesmos. Nosso estresse interno é gerado internamente – centrado em nossas próprias percepções, que, obviamente, são baseadas em nossas experiências passadas e crenças advindas delas, com relação a essas experiências. O que causa estresse para uma pessoa pode ser até prazeroso para outra. Por exemplo: no escritório de um dos autores, a maioria dos clientes aprecia os sons tranquilizadores da água de uma pequena fonte montada na parede. E, ainda assim, para uma cliente, ex-gerente de uma propriedade, a fonte tinha de ser desligada. Aquele som a estressava porque lembrava-lhe o som de canos furados e do dano causado pelo vazamento.

Tabela 8.1 Os dez fatores de estresse mais importantes.		
Morte do cônjuge		
Divórcio		
Separação conjugal		
Prisão		
Morte de um familiar próximo		
Ferimento ou doença pessoal		
Casamento		
Demissão		
Reconciliação matrimonial		
Aposentadoria		

Adaptado de "Holmes-Rahe Life Changs Scale", de T. H. Holmes e R. H. Rahe, *Journal of Psychosomatic Research*, v. 11 (1967); pp. 213-218.

Caçadores de estresse: como equilibrar e harmonizar o corpo e o cérebro

Gerenciar o estresse tem a ver como você responde, e não como você reage, aos eventos da sua vida. As reações são intrínsecas, mas seu intelecto permite que você escolha como responder. Primeiro, e principalmente, é essencial assumir o controle de seus pensamentos. Esteja bem consciente dos pensamentos que passam pela sua mente e tente estabelecer um senso de controle sobre quais deles permite que passem pela sua cabeça. Se existe alguma coisa na vida que você pode controlar, essa é uma delas.

Reconheça que oportunidades você possui para tomar as rédeas de sua atitude, de suas emoções, dos seus horários e do seu ambiente. Pode ser que você tenha o poder de mudar algumas situações estressantes. E quando encontrar aquelas situações indesejadas e inevitáveis, você pode usar o poder dos seus pensamentos para mudar sua reação diante delas.

Além disso, gaste algum tempo cuidando de si mesmo.

A seguir, damos alguns métodos testados e aprovados para cuidar do seu cérebro, do seu corpo e do seu espírito:

- **Yoga:** Originária da Índia, é uma prática de movimentos, posições e alongamentos realizados para obter o equilíbrio e a união de corpo, mente e espírito.

- **Tai chi:** Uma forma de arte marcial chinesa que usa movimentos lentos e suaves.
- **Qigong:** Pronuncia-se "Chi-kung" e significa "força energética vital". Originária da China, consiste de exercícios, posições, técnicas de respiração e meditação.
- **Meditação:** Exercita a disciplina mental, como focalizar num único ponto de referência, para alcançar um estado mental de profundo relaxamento e paz.
- **Relaxamento muscular progressivo:** Uma técnica de redução de ansiedade que consiste em isolar progressivamente um grupo muscular específico, tensionando-o voluntariamente durante 8 a 10 segundos e, então, relaxando-o.
- **Hipnoterapia:** Um estado alterado de consciência induzido artificialmente caracterizado pela alta sugestionabilidade e receptividade a comandos.
- *Neurofeedback:* Também chamada de neuroterapia, *neurobiofeedback* ou EEG *feedback*, essa técnica terapêutica oferece ao usuário um *feedback* em tempo real de sua atividade cerebral, medida por eletrodos posicionados na cabeça. Geralmente usada para tratar DDAH, mas também para o estresse, a síndrome do estresse pós-traumático, a depressão e a dependência.
- **Música:** A música tem demonstrado ter inúmeros benefícios terapêuticos, desde aliviar o estresse e a dor até regular a respiração, diminuindo o colesterol e a pressão arterial e reforçando as defesas imunológicas do corpo. Tem sido usada por terapeutas e médicos para diminuir os efeitos da dor crônica, depressão, tristeza e raiva. O musicoterapeuta Mark Arnold defende que "obviamente a música é benéfica – é só cantar uma canção de ninar para uma criança e observar os maravilhosos efeitos".
- **Rir:** Os efeitos curativos antiestresse do riso são bem conhecidos; até mesmo para aliviar a dor crônica. Norman Cousins, um homem que superou a doença através do riso, descreveu sua jornada curativa por meio da terapia do riso em seu livro *Anatomy of an ilness as perceived by the patient*.
- **Socialização (especialmente com pessoas positivas):** A interação humana é um fator significativo na redução do estresse e no aumento da saúde e da longevidade.

- **Contato com a natureza:** A exposição a ambientes naturais já provou ser tão útil na redução do estresse que plantas e outros elementos da natureza se tornaram comuns em muitos hospitais e centros de tratamento. A natureza também demonstrou ser capaz de melhorar o sistema imunológico.

O presente da nutrição

O que comemos pode afetar nosso cérebro e seu desempenho? Claro que sim. Uma dieta saudável não só reforça e ajuda nosso coração, pulmões, rins e sistema imunológico, como também fortalece nosso sistema nervoso, incluindo o cérebro. Não é nenhuma surpresa que o estômago, geralmente chamado de "segundo cérebro", influencie a saúde e o desempenho do primeiro.

A seguir, veremos apenas alguns alimentos cheios de vitaminas e minerais essenciais, considerados nutritivos para a mente e o corpo:

- **Cacau e chocolate preto:** Repletos de flavonoides, que combatem os efeitos destrutivos dos radicais livres, causadores de danos pela oxidação nas células do corpo e do cérebro.
- **Frutas cítricas:** Cheias de flavonoides, combatem os radicais livres.
- **Açaí:** Cheio de antioxidantes – ótimo para o cérebro.
- **Chá verde:** Outro grande antioxidante que protege o cérebro.
- **Mirtilo (*blueberry*):** Aumenta a memória de curto prazo.
- **Cúrcuma:** Principal ingrediente no curry, possui poderosas propriedades anti-inflamatórias e ajuda a eliminar a beta-amiloide (responsável pelo mal de Alzheimer).
- **Oxicoco (*cranberry*):** Ajuda a preservar as células cerebrais.
- **Peixe:** Ricos em ômega-3, uma necessidade para as funções cerebrais. O ômega-3 reduz as inflamações e melhora a memória.
- **Tomate:** Contém o antioxidante licopeno, especialmente útil para proteger o coração e o cérebro.
- **Cereais integrais (fibra de trigo, germe de trigo):** Contêm vitamina E, que ajuda com a memória e a concentração.

- **Vegetais e folhas verdes (especialmente espinafre, brócolis e couve):** Ricos em ácido fólico, que ajuda a melhorar a memória.
- **Sementes de abóbora:** Contêm Zinco – bom para a memória.
- **Água:** Beba oito copos de água pura todo dia (lembre-se, seu cérebro é formado por 78% de água); saiba que guardar água durante longos períodos ou congelar a água em recipientes plásticos libera bifenil policlorados (PCB) na água.

Num estudo realizado na Universidade de Nottingham, pelo professor Ian MacDonald, publicado pelo *ScienceDaily* (2/07), foi descoberto que "comer chocolate pode ajudar a afiar a mente e dar um impulso de curto prazo para as capacidades cognitivas". O sonho dourado dos chocólatras!

Aeróbica cerebral

A neuroplasticidade – que dom admirável! Nosso cérebro possui a habilidade de mudar fisicamente baseado nos estímulos externos – para o bem ou para o mal. Essa capacidade incrível permite que nosso cérebro estabeleça novos caminhos ou conexões nas redes neuronais e nos presenteie com a oportunidade maravilhosa de reprogramar, e, com isso melhorar, nossa capacidade cerebral durante toda a vida (sim, mesmo depois dos 60 anos). E o que é necessário? Parece que há alguns critérios básicos para otimizar a promoção da neuroplasticidade.

Alguns deles incluem experiências novas e desafiadoras que sejam divertidas e recompensadoras, e que incorporem múltiplos sentidos (visão, som, paladar, tato). Comportamento intenso e repetitivo também reforça a neuroplasticidade. Muitos dos programas de treinamento cerebral tentam incorporar a maioria desses critérios, dentro das possibilidades.

Mas também existem inúmeras atividades simples que você pode facilmente integrar ao seu estilo de vida. Algumas sugestões: aprender um novo instrumento musical (ou o seu primeiro!); aprender um novo idioma; aprender uma nova dança; viajar; associar-se a um clube; frequentar algum curso pago ou gratuito, assistir a palestras; visitar museus; fazer palavras cruzadas, sudoku e outros passatempos; escolher um novo *hobby*. Todas essas atividades constroem novas conexões neuronais em seu cérebro, mantendo-o ativo, forte e em crescimento.

Opcionalmente, você pode ir direto aos softwares! Se gosta de jogos eletrônicos, você tem sorte, porque já estão disponíveis muitos jogos de treinamento cerebral. A sharpbrains.com (que, por falar nisso, é um dos melhores sites para informações precisas, atualizadas e divertidas sobre o cérebro) avalia que a indústria de treinamento cerebral cresceu de 100 milhões de dólares, em 2005, para 225 milhões de dólares, em 2007. Mas existem outros sites populares para treinamento cerebral, como:*

lumosity.com

neurogizers.com

emwave.com

happy-neuron.com

mybraintrainer.com

Esses *softwares* variam tanto em seus projetos quanto em sua promessa de melhorar o desempenho dos usuários. O veredito ainda repousa sobre a extensão dos efeitos benéficos de alguns dos jogos e a integridade das promessas dos fabricantes sobre esses benefícios. É melhor checar algumas das pesquisas mais recentes antes de investir num deles.

Para ajudá-lo a manter seu cérebro afiado, alerta, atento, flexível e forte, esteja aberto a novas ideias, abordagens, recursos e aprendizagens. Permaneça ativo tanto física quando socialmente – e seu cérebro vai amá-lo por isso. Não deixe que o estresse da vida controle os seus pensamentos; procure relaxar e limite suas preocupações tanto quanto possível. E o mais importante: mantenha uma visão positiva das coisas. Se você tiver uma atitude positiva, vai ter também uma ferramenta poderosa, que o ajudará a se assegurar de que as mudanças na neuroplasticidade do seu cérebro (a capacidade do cérebro de se reorganizar baseada nos estímulos do ambiente) serão positivas, poderosas e duradouras.

---

* N.T.: Todos em inglês.

Mapa Mental

OBJETIVO
- Demonstrar o poder de associação do cérebro através de uma técnica de pensamento visual.

Materiais:
O material Amostra de *Mapa Mental* (a seguir).

Tempo:
15 a 20 minutos.

Instruções

Desenvolvido inicialmente pelo especialista em desenvolvimento mental Tony Buzan, esse método fluido de captar ideias é uma boa maneira de se trabalhar o poder do cérebro de pensar associativamente. Ele permite a qualquer um mapear os pontos essenciais de uma palestra ou apresentação.

Explique como o mapa mental funciona: basicamente, você está criando um mapa de ideias em que a ideia central da palestra é desenhada ou escrita no centro do papel e, então, conforme a apresentação se desenrola, você continua a acrescentar ramificações representando as ideias relevantes que vêm à sua mente.

Distribua a Amostra de Mapa Mental. Sugira que os participantes tentem esse exercício individualmente por alguns minutos, mapeando o assunto que você está apresentando. Prossiga com sua apresentação e, então, peça o retorno do grupo, ao final.

Questões para Discussão

1. Você achou este método uma forma mais fácil de fazer anotações?
2. Pode indicar algumas formas criativas que você usou para isso?
3. Você já usou esta ou outra forma parecida no passado?

MATERIAL

Amostra de Mapa Mental

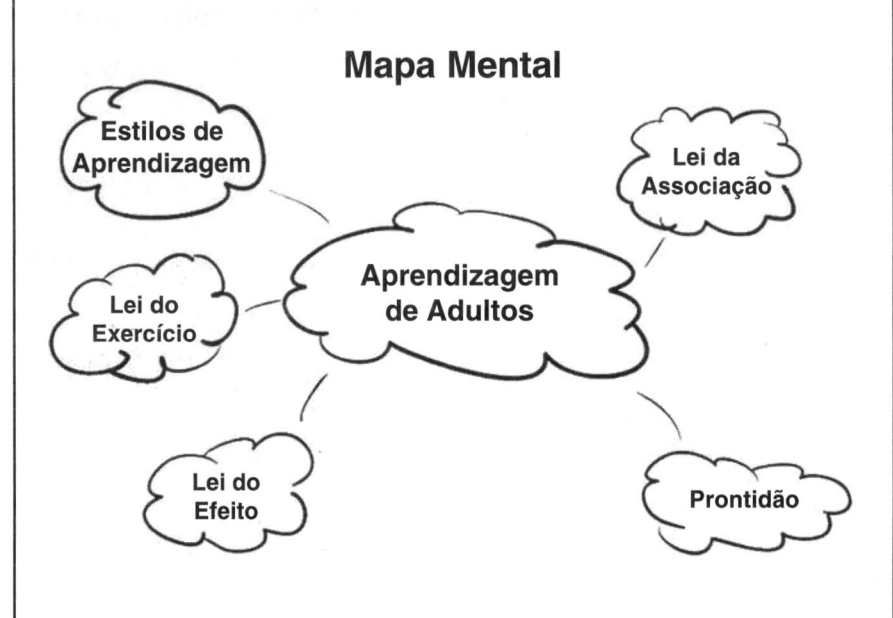

Mapa Mental

- Estilos de Aprendizagem
- Lei da Associação
- Lei do Exercício
- Aprendizagem de Adultos
- Lei do Efeito
- Prontidão

Quer ser um Gênio?

OBJETIVOS
- Dar aos participantes a chance de "se exibirem".
- Exercitar o cérebro, dando a ele um bom desafio.

Materiais:
Cópias do material *Desafio de QI* (a seguir).

Tempo:
10 a 15 minutos.

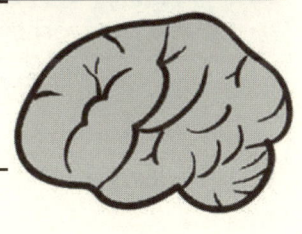

Instruções

O fato de que a maioria de nós nunca para de aprender já é aceita pela sociedade atual. Distribua cópias do *Desafio de QI* e peça aos participantes que trabalhem em duplas sobre essas perguntas. Avise que essas não são perguntas simples, mas que eles vão se surpreender com a facilidade com que obterão algumas das respostas. Conte alguns minutos e depois cheque as respostas.

Questões para Discussão

1. Vocês se surpreenderam com a facilidade com que encontraram as respostas para essas questões?
2. Alguns de vocês simplesmente desistiram? Vocês já enfrentaram algum desafio que parecia impossível e que, de repente, depois de uma pausa, a resposta simplesmente surgiu?
3. Vocês acharam que trabalhar com um parceiro trouxe uma perspectiva diferente das coisas?

MATERIAL

Desafio de QI

Eis alguns desafios para você. Ligue e engrene o seu cérebro enquanto tenta responder a estas perguntas:

1. Quantas teclas existem num telefone?

2. Quantas dessas teclas possuem letras?

3. Quais são essas teclas?

4. Quantas – e quais – delas exibem símbolos em vez de números?

5. Quais letras estão faltando na sequência? ... D ... T ... Q ...

6. Em qual carta do baralho aparece a marca do fabricante?

7. O que estas palavras têm em comum? Banana, Batata, Revive, Desse, Nosso e Taça.

8. Faça quatro 9s serem iguais a 100.

9. Faça seis 9s serem iguais a 100.

10. Jackie tem o dobro da idade de Robert. Daqui a cinco anos, Robert vai ter a mesma idade que Jackie tem hoje. Quantos anos eles têm? Jackie tem... Robert tem...

MATERIAL

11. Qual o próximo número na sequência? 2, 2, 4, 12, 48, ...

12. Quantos estados brasileiros começam com a letra R?

13. Qual palavra é sempre escrita errada?

14. Seis meninos conseguem comer 12 cachorros-quentes em uma hora. Nesse ritmo, quantos cachorros-quentes quatro meninos conseguiriam comer em duas horas?

15. A população mundial é de mais ou menos.... bilhões.

16. Num ano bissexto, quantos meses possuem 29 dias?

17. Quais são os cinco países mais populosos do mundo?

18. Quais são os cinco países com maior território?

19. Qual país tem a maior taxa de natalidade anual?

20. Indique uma palavra que muda sua sonoridade, mas não sua escrita, dependendo do contexto?

MATERIAL

Desafio de QI – Respostas

1. Quantas teclas existem num telefone? **12**

2. Quantas dessas teclas possuem letras? **2**

3. Quais são essas teclas? **7 e 9**

4. Quantas – e quais – delas exibem símbolos ao em vez de números?
   Duas: * e #

5. Quais letras estão faltando na sequência?
   S D **S** T **Q** Q **S** (os dias da semana, começando pelo sábado)

6. Em qual carta do baralho aparece a marca do fabricante?
   Ás de Espadas

7. O que estas palavras têm em comum? Banana, Batata, Revive, Desse, Nosso e Taça:
   Retire a primeira letra e o restante pode ser lido igualmente, mesmo se invertido

8. Faça quatro 9s serem iguais a 100.
   99 + 9/9 = 100

9. Faça seis 9s serem iguais a 100.
   99 + 99/99 = 100

10. Jackie tem o dobro da idade de Robert. Daqui a cinco anos, Robert vai ter a mesma idade que Jackie tem hoje. Quantos anos eles têm?
    Jackie tem 10, Robert tem 5.

11. Qual o próximo número na sequência? 2, 2, 4, 12, 48, ...
    240 (cada número é multiplicado por 1, depois 2, 3, 4, 5 etc.)

MATERIAL

12. Quantos estados brasileiros começam com a letra R?
Cinco (Rondônia, Roraima, Rio Grande do Norte, Rio de Janeiro e Rio Grande do Sul)

13. Qual é a única palavra que é sempre escrita errada?
ERRADA – nenhuma outra é escrita dessa forma

14. Seis meninos conseguem comer 12 cachorros-quentes em uma hora. Nesse ritmo, quantos cachorros-quentes quatro meninos conseguiriam comer em duas horas? **16**

15. A população mundial é de mais ou menos **6,8** bilhões.

16. Num ano bissexto, quantos meses possuem 29 dias?
12 – todos os meses possuem 29 dias, pelo menos...

17. Quais são os cinco países mais populosos do mundo?
China, Índia, Estados Unidos, Indonésia e Brasil

18. Quais são os cinco países com maior território?
Rússia, Canadá, China, Estados Unidos e Brasil

19. Qual país tem a maior taxa de natalidade anual?
Índia

20. Indique uma palavra que muda sua sonoridade, mas não sua escrita, dependendo do contexto?
Forma (com /Ô/) e Forma (com /Ó/)

Estresse – Estresse – Estresse!

OBJETIVOS
- Avaliar o impacto pessoal das mudanças causadas por ajustes de mercado, mudanças econômicas e modificações ambientais.
- Avaliar como essas mudanças podem se traduzir em estresse.
- Discutir possíveis técnicas para aliviar o estresse.

Materiais:
Flip-chart, pincéis atômicos, canetas, papel, blocos de notas adesivas coloridos em quatro cores diferentes (o suficiente para dez folhas de cada cor para cada participante), estrelas coloridas.

Tempo:
25 a 30 minutos.

Instruções

Temos observado grandes mudanças em quase todos os mercados, que geralmente se traduzem em mudanças nas nossas próprias responsabilidades no trabalho. Uma situação propícia para gerar tensão e estresse! Esta atividade explora quatro áreas separadamente: mudanças, emoções, resultados e soluções.

1. **Mudanças:** Identifique e liste todas as mudanças que vêm acontecendo nos mercados de seus participantes (aumento na competição, recursos reduzidos, aumento na carga de trabalho). Anote os itens no *flip-chart* sob o título *Mudanças em Nossos Mercados*. Depois que todas as mudanças estiverem listadas, peça que os participantes identifiquem todos os itens de "mudança" que os afetam pessoalmente. Peça que anotem todas essas mudanças nos blocos de cor verde e colem os bilhetes em sua própria roupa (em qualquer parte do tronco, dos braços e das pernas).

2. **Emoções:** Peça aos participantes que identifiquem todas as emoções que os itens listados no item *Mudanças em Nossos Mercados* lhes causam (raiva, medo, frustração etc.). Anote a lista de emoções no *flip-chart* sob o título de *Emoções Causadas pelas Mudanças*.

Depois que todas as emoções estiverem listadas, peça aos participantes que selecionem todos os itens "emocionais" listados no *flip-chart* com os quais eles pessoalmente se identifiquem. Peça que eles anotem esses itens nos bloquinhos azuis e depois colem os papéis em suas roupas.

3. **Resultados ou consequências:** Identifique todos os resultados ou consequências que advêm do impacto das mudanças no mercado e das consequências emocionais relacionadas a essas mudanças (aumento do estresse, problemas de saúde, aumento da carga horária, problemas de relacionamento, menos tempo com os filhos, perda de $$$$) e anote esses itens no *flip-chart* sob o título *Consequências*.

Depois de todas serem listadas, peça que os participantes selecionem todas as consequências listadas com as quais eles se identifiquem pessoalmente. Peça que anotem cada um desses itens nos bloquinhos amarelos e os colem em sua roupa.

Antes de seguirmos para o passo 4, peça aos participantes (que provavelmente agora estarão cobertos de papeizinhos coloridos) que andem pela sala comparando suas "anotações" com as dos demais participantes.

Dê mais ou menos três minutos para que façam isso (pode ser mais tempo em grupos maiores).

4. **Não se preocupe – relaxe:** Peça que os participantes identifiquem todos os métodos ou técnicas que eles descobriram ou ouviram falar que podem ajudá-los a aliviar ou reduzir o estresse (meditação, exercícios, filmes alegres, caminhadas com familiares, respirar profundamente) e anotem esses itens no *flip-chart* sob o título *Soluções* (ou *Não se Preocupe – Relaxe*).

Depois de as soluções terem sido listadas, peça aos participantes que identifiquem todas as "soluções" listadas no *flip-chart* com as quais eles pessoalmente usem ou considerem usar. Peça-lhes que anotem cada uma delas nos bloquinhos cor-derosa e depois colem estrelas nessas anotações (porque merecem ser cumprimentados por cuidarem de si mesmos, o que vem antes de eles poderem cuidar dos outros).

Depois, peça que colem essas anotações – com as estrelas – em suas roupas.

Questões para Discussão

1. Vocês se surpreenderam ao perceber quanta coisa têm enfrentado?
2. Vocês se surpreenderam ao ver quantas pessoas possuem os mesmos fatores de estresse que vocês?
3. Quais as maiores descobertas feitas com essa atividade?
4. Quais suas técnicas favoritas ou mais efetivas para lidar com o estresse? (Meditação, respiração, yoga e exercícios são apenas alguns exemplos... o que mais?)

A Psicologia da Mudança

OBJETIVO
- Explorar alguns dos estados mentais que experimentamos quando passamos por sérias mudanças ou desafios.

Material:
Nenhum.

Tempo:
10 a 15 minutos.

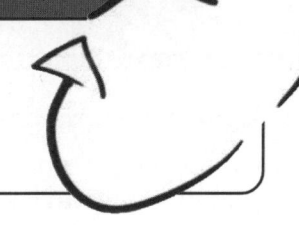

Instruções

Explique aos participantes que a pesquisa de Elisabeth Kübler-Ross sobre a tristeza sugere que passamos por alguns estágios ou passos bem definidos quando lidamos com mudanças importantes. Quando as mudanças se traduzem em perdas, temos a tendência de lamentar por não termos mais aquilo que tínhamos (seja um emprego, seja uma pessoa amada).

Os estágios da perda

1. Negação.
2. Raiva.
3. Barganha.
4. Depressão.
5. Aceitação.

Mostre esses passos num *flip-chart* ou *slide* de PowerPoint. Explique que todos passamos por esses estágios durante alguma perda importante em nossas vidas e que essas fases não são necessariamente experimentadas na mesma ordem apresentada. Algumas pessoas podem passar por um ou mais dos estágios diversas vezes, mudando de um para o outro, indo e voltando. Todos processamos a mudança e a tristeza de forma individual. Não há uma maneira correta ou errada de se entristecer, e cada pessoa deve ter o tempo que for necessário para sentir tristeza de sua forma particular. Nossa meta principal, porém, é atingir o estágio da aceitação.

Forme grupos de três ou quatro participantes e peça que eles discutam calmamente um momento recente no qual alguém próximo (familiar ou colega de trabalho) passou por um sério desafio e se eles reconhecem comportamentos ou ações que podem associar a algum dos cinco estágios da perda. Dê 5 a 10 minutos para essa discussão.

Questões para Discussão

1. Alguém gostaria de partilhar uma experiência pessoal?
2. Você acha que quando você ou outras pessoas passam por algum desses estágios têm consciência de estar naquele estágio?
3. Apesar de falarmos dessas experiências em alguns minutos, na vida real, pode levar semanas ou mesmo meses para passarmos pelos estágios da tristeza e chegarmos finalmente à aceitação. Vocês poderiam dar alguns exemplos?

Tire uma Carta, Qualquer Carta

OBJETIVO
- Demonstrar que uma atividade de "pensamento coletivo" pode realmente aumentar a capacidade criativa de um indivíduo.

Materiais:
Um ou dois baralhos de cartas comuns (o suficiente para termos uma carta para cada participante).

Tempo:
15 a 20 minutos.

Instruções

Distribua uma carta de baralho para cada pessoa. Forme equipes de três ou quatro participantes e peça que mostrem suas cartas para os demais integrantes da equipe. Sua tarefa é criar uma história ou pequena aula sobre o assunto da apresentação incorporando todas as três (ou quatro) cartas.

Por exemplo: imagine um grupo que tirou o Valete de Espadas, o Dois de Ouros e a Dama de Copas.

Numa aula de Atendimento ao Consumidor, sua história poderia ser algo assim: Um consumidor chamado Sr. Valete de Espadas entrou numa joalheria para comprar dois brincos de ouro. Ele pretendia dar os brincos de presente para sua noiva, que ele chama carinhosamente de "Rainha do seu Coração".

Dê a eles 5 minutos para trabalharem nisso e depois peça que cada grupo apresente sua história. A história pode ser uma anedota, um poema, uma aula etc., de acordo com o que a criatividade permitir.

Questões para Discussão

1. Quão fácil foi fazer a coisa engrenar?
2. Vocês se divertiram ao começar a construir a história e ao tentar dar algum sentido a ela?
3. Vocês conseguiram perceber como o cérebro vai rapidamente pegando as pistas nas ideias dos outros e facilmente as assimilam em novos padrões?
4. Existe alguma forma de usar essas técnicas de pensamento coletivo para resolver alguns dos desafios do seu ambiente de trabalho?

Estilos de Comunicação

Objetivo
• Aprender a lidar com diferentes tipos de personalidade.

Materiais:
Cópias do material *Trabalhando com Estilos de Comunicação* (a seguir).

Tempo:
20 a 25 minutos.

Instruções

Pergunte quantos dos participantes já passaram por alguma avaliação de personalidade, como o teste Myers-Briggs. Considerando que muitos deles já passaram, se não passou a maioria, informe que em breve eles usarão uma ferramenta parecida. Explique que este exercício vai ajudá-los a entender mais sobre seus estilos de personalidade e preferências, assim como os estilos e preferências dos demais, que podem ser diferentes dos deles. Sugira que, por vezes, quando encontramos pessoas que pensamos ser "difíceis", estamos diante de indivíduos que simplesmente possuem interesses diferentes dos nossos.

Distribua cópias do material *Trabalhando com Estilos de Comunicação* e peça que os participantes relembrem dos quatro estilos de comunicação (amigável, analítico, condutor e expressivo). Baseado nas poucas características listadas abaixo de cada um dos estilos, peça aos participantes que julguem rapidamente com quais desses estilos eles se identificariam melhor. Depois que os participantes tiverem identificado seu estilo comunicacional, peça que eles se agrupem segundo seus "estilos".

Dica

Dependendo do tamanho do grupo, recomendamos não mais do que cinco ou seis pessoas em cada "estilo"; se necessário, divida ainda mais os grupos. Cada um dos quatro grupos agora se concentrará em identificar os interesses e desinteresses de seus estilos pessoais de comunicação.

Questões para Discussão

1. Quando discutiram os itens com os companheiros com o mesmo estilo de personalidade, foi fácil chegar a um consenso?
2. Você pensou em pessoas específicas do seu trabalho que se encaixem nas categorias? Essas discussões foram úteis?
3. Qual desses estilos descreve seu superior hierárquico? Agora você tem mais consciência de formas e maneiras de trabalhar com o estilo dele(a)?
4. Como você poderia trabalhar melhor com pessoas de outros estilos em seu trabalho?

MATERIAL

Trabalhando com Estilos de Comunicação

Esses quatro estilos sociais identificam diferentes padrões de comportamento. Discuta com seus pares traços, características, valores etc. que vocês partilham entre si. Depois, para cada característica apresentada para o estilo de comunicação/personalidade do seu grupo, identifique um interesse e um desinteresse de acordo com a forma como os outros tratam ou interagem com você.

Amigável

Características Típicas	*Interesses*	*Desinteresses*
Amigável	_____	_____
Agradável	_____	_____
Cooperativo	_____	_____

Analítico

Características Típicas	*Interesses*	*Desinteresses*
Metódico	_____	_____
Gentil	_____	_____
Organizado, arrumado	_____	_____

Condutor

Características Típicas	*Interesses*	*Desinteresses*
Tudo sobre os negócios	_____	_____
Move-se rapidamente	_____	_____
Fala alto	_____	_____

MATERIAL

Expressivo

Características Típicas	**Interesses**	**Desinteresses**
Orientado às pessoas	_____	_____
Usa palpites	_____	_____
Animado	_____	_____

MATERIAL

Trabalhando com Estilos de Comunicação – Amostra de Respostas

Esses quatro estilos sociais identificam diferentes padrões de comportamento. Discuta com seus pares traços, características, valores, etc. que vocês partilham entre si. Depois, para cada característica apresentada para o estilo de comunicação/personalidade do seu grupo, identifique um interesse e um desinteresse de acordo com a forma como os outros tratam ou interagem com você.

Amigável

Características Típicas	*Interesses*	*Desinteresses*
Amigável	Inclui os outros	Impessoal
Agradável	Relacionamentos	Não trabalha em grupo
Cooperativo	Sentimentos interpessoais	Maneirismos abusados

Analítico

Características Típicas	*Interesses*	*Desinteresses*
Metódico	Gentil	Indivíduo descuidado
Organizado, arrumado	Fatos/números	Escandaloso/ exagerado
Presta atenção em tudo	Detalhes	Falastrão

Condutor

Características Típicas	*Interesses*	*Desinteresses*
Tudo sobre os negócios	Sempre ocupado	Fala devagar
Move-se rapidamente	"Direto ao ponto"	Conversa fiada
Fala alto	Desafios	Enrolador

MATERIAL

Expressivo

Características Típicas

Orientado às pessoas
Usa palpites
Animado

Interesses

Visão geral
Personalidade
Animação

Desinteresses

Rotina
Fala mansa
Sem contato visual

O Melhor da Manhã

OBJETIVO
- Demonstrar que a maneira como começamos o dia pode afetar nossa atitude e, consequentemente, contribuir ou arruinar o nosso dia.

Material:
Nenhum.

Tempo:
10 a 15 minutos.

Instruções

Explique que os primeiros minutos ou horas de qualquer dia geralmente dão o tom para o resto do dia. Correr apressadamente procurando as chaves do carro, ou ter dificuldade de encontrar o trabalho que trouxemos para casa no dia anterior pode dar início a um dia estressante.

Por outro lado, aprontar tudo na noite anterior e deixar tudo arrumado – escolha da roupa, passagens etc. – pode nos ajudar a começar de forma muito mais serena e mesmo poupar alguns minutos no processo.

Peça ao grupo que forme equipes de três ou quatro pessoas e discuta estas questões:

1. Você consegue se identificar com a síndrome do "onde deixei essas malditas chaves?", ou você é daquelas pessoas "sempre organizadas, sempre prontas"?

2. Já notou que quando o seu dia começa caótico, você tende a ter menos paciência com as pessoas – isto é, você se atrasou, então fica irritado com o motorista da frente, que parece estar indo devagar demais?

Questões para Discussão

1. Quais são algumas estratégias ou métodos que você aprendeu para evitar essas manhãs corridas que poderia partilhar com os companheiros?
2. Você poderia partilhar algumas histórias sobre essas "manhãs enlouquecidas"?
3. O que você aprendeu sobre si mesmo durante esses momentos apressados?

Sobre os Autores

Fundadora e CEO do Optimum Brain Institute em Tempe, Arizona, nos EUA, **Carol A. Burnett** oferece aos seus clientes e alunos um grande espectro de experiências e especialidades. Sua paixão pelo campo do *neurofeedback* e as profundas transformações que ele produziu em seus clientes inspirou-a a avançar na utilização desse modo não invasivo e promissor de otimizar o cérebro e a qualidade de vida das pessoas.

Carol possui a habilidade única de traduzir as teorias e pesquisas de ponta sobre o cérebro em experiências práticas de aprendizagem. Adaptando os novos e mais excitantes conceitos avançados, ela transfere essas descobertas das pesquisas acadêmicas nos campos da bioenergia para aplicações pessoais e compreensíveis.

Ao lado de uma sólida formação acadêmica e experiência empresarial, ela ensina e presta consultoria nos EUA e no Canadá. Além de possuir dois diplomas de nível superior, é mestre em Orientação Psicopedagógica pela State University de Nova York. Ela já trabalhou como vice-presidente-assistente para uma instituição financeira norte-americana e possui grande experiência no campo de Recursos Humanos.

Como consultora e educadora renomada nos EUA, Carol conduziu seminários e *workshops* para centenas de clientes. Possui várias certificações, incluindo Myers-Briggs, DDI (Development Dimensions, International) e do Institute of Cultural Affairs' Group Facilitation Methods.

Membro da Association of Applied Psychophysiology and Biofeedback, também é master practiotioner de PNL e foi certificada como hipnoterapeuta registrada nos EUA e no Canadá. Com Terceiro Grau de Reiki, ela também é certificada como Transformational Workshop Leader pelos métodos Louise Hays. Carol pode ser contatada pelo e-mail Carol@OptimumBrainInstitute.com.

Membro ativo da National Speakers Association, **Edward E. Scannell** realizou mais de mil apresentações, seminários e *workshops* nos EUA e internacionalmente.

Ele escreveu ou coescreveu mais de 20 livros e mais de cem artigos nos campos do RH, criatividade, formação de equipes e gestão. Atuou como presidente nacional da ASTD (American Society for Training and Development) e também como chairman executivo da IFTDO (International Federation of Training and Development Organizations).

Antigo presidente da Divisão do Arizona da MPI (Meeting Professionals International), foi eleito presidente internacional da MPI em 1990. Foi indicado como Planejador Internacional do Ano pela MPI, em 1995, e introduzido no Hall dos Líderes do Conventional Industry Council, em 2007.

Ed foi eleito presidente nacional da National Speakers Association (NSA) em 1991-1992 e recebeu a maior honraria da NSA, o Prêmio Cavett, em 1999.

Hoje, atua como diretor do Center for Professional Development and Training em Scottsdale, Arizona. Ed pode ser contatado pelo e-mail EESAZ@aol.com.

Sugestão de Leitura

JOGOS, DINÂMICAS E VIVÊNCIAS GRUPAIS

Esse é um livro que requer uma performance mais aprimorada do facilitador, maior conhecimento dos fenômenos que ocorrem nos grupos, suas características e contextos, além da necessidade de um conhecimento prévio teórico-vivencial de aspectos relacionados ao trabalho com pessoas.

Autores:
Albigenor Militão e Rose Militão

Nº de páginas: 248

12ª reimpressão

Entre em sintonia com o mundo

QualityPhone:

0800-0263311

Ligação gratuita

Qualitymark Editora
Rua Teixeira Júnior, 441 – São Cristóvão
20921-405 – Rio de Janeiro – RJ
Tels.: (21) 3094-8400/3295-9800
Fax: (21) 3295-9824
www.qualitymark.com.br
e-mail: quality@qualitymark.com.br

Dados Técnicos:

• Formato:	16×23cm
• Mancha:	12×19cm
• Fontes Títulos:	GeoSlab712 Md BT
• Fontes:	NewCenturySchoolbook
• Corpo:	11
• Entrelinha:	13,2
• Total de Páginas:	244
• 1ª Edição:	Agosto de 2011
• Gráfica:	Sermograf